DAS **BURGER** BUCH

Impressum

Produktmanagement: Annemarie Heinel
Textredaktion: Susanne Gottschlich
Korrektur: Karola Neutze
Layout und Satz: Helen Garner
Umschlaggestaltung: Helen Garner unter
Verwendung von Fotos von Michael Meisen
Repro: Repro Ludwig, Zell am See
Herstellung: Bettina Schippel
Text und Rezepte: Bodo Wanjura
Fotografie: Michael Meisen
Foodstyling: Tino Kalning
Styling: Ann Raab

Alle Fotos stammen von Michael Meisen außer:
S. 12 ff. Fond: fotolia/pomah, Polaroid: fotolia/donatas1205;
S. 30/31 shutterstock/Michael C. Gray;
S. 32/33 Karte: shutterstock/Aleksandra Gigowska,
Fähnchen: shutterstock/Kedsirin/Atlaspix/Globe Turner/
Artgraphixel.com/sonia.eps/sjgh;
S. 36 ff. Zettel: fotolia/orangeberry;
S. 38 ff. Streichholz: iStockphoto/OktalStudio

Printed in Italy by Printer Trento

★★★★★

Sind Sie mit diesem Titel zufrieden? Dann würden wir uns über Ihre Weiterempfehlung freuen.
Erzählen Sie es im Freundeskreis, berichten Sie Ihrem Buchhändler, oder bewerten Sie bei Onlinekauf.
Und wenn Sie Kritik, Korrekturen, Aktualisierungen haben, freuen wir uns über Ihre Nachricht an Christian Verlag, Postfach 40 02 09, D-80702 München oder per E-Mail an lektorat@verlagshaus.de.

Unser komplettes Programm finden Sie unter

www.christian-verlag.de

Alle Angaben dieses Werkes wurden vom Autor sorgfältig recherchiert und auf den neuesten Stand gebracht sowie vom Verlag geprüft. Für die Richtigkeit der Angaben kann jedoch keine Haftung übernommen werden.

Die Deutsche Nationalbibliothek verzeichnet diese Publikation in der Deutschen Nationalbibliografie; detaillierte bibliografische Daten sind im Internet über http://dnb.d-nb.de abrufbar.

ISBN 978-3-86244-676-6

Bodo Wanjura

DAS BURGER BUCH

Fotos Michael Meisen

INHALT

Ein Visionär des guten Geschmacks

Kennengelernt habe ich Bodo Wanjura im Jahr 2008. Damals war er mit seinem Restaurant „Die Kuh die lacht" einer der Nominierten für den Leaders Club Award, einen angesehenen Innovationspreis in der Gastronomie, jährlich verliehen vom Leaders Club Deutschland.
Als er vor den fähigsten Köpfen dieser Branche sein Konzept vorstellte, war ich überrascht und begeistert zugleich. Begeistert haben mich seine Kühnheit und seine Zielstrebigkeit. Bodo Wanjura war von Hause aus Banker. Für die meisten ein attraktiver Job. Doch er wollte mehr. Er entwickelte eine solch große Passion für den Burger und die Gastronomie, dass er alles auf eine Karte setzte, seinen Job kündigte und mitten in Frankfurt sein erstes Lokal aufmachte.
Zugleich hat genau dies mich überrascht: Wie kann ein Banker so leichtsinnig sein? Sich mit Gastronomie selbstständig zu machen, noch dazu mit einer für die damalige Zeit nahezu unbekannten und außergewöhnlichen Idee: einem Gourmet Burger. Dieses Wagnis einzugehen erforderte viel Mut, ja sogar Wagemut. Nach einer intensiven Auseinandersetzung mit dem Konzept und seinen Inhalten, wurde mir jedoch schnell klar, dass hier ein sehr intelligenter und intuitiver Mensch eine Vision entwickelt hatte, die sehr erfolgversprechend klang.

Mit Humor, Innovationsgeist und Talent

Heute, 8 Jahre später und nun Inhaber von drei Restaurants, kam man sagen, dass der Pionier der Gourmet-Burger-Welle in Deutschland alles richtig gemacht hat. Er hat mit seinem Sinn für Humor (Warum sonst würden seine Burger Restaurants „Die Kuh die lacht" heißen?), seinem Innovationsgeist und seinem ausgeprägten wirtschaftlichen Talent seinen Platz im Markt gefunden. Seine leckeren Burger-Kreationen haben ihm eine große Fangemeinde beschert. Lob und Respekt, die er in der aktuellen Eröffnungswelle von Gourmet-Burger-Restaurants erfahren hat, sind wohl verdient. Dass er jetzt als Autor dieses Buches angefragt wurde, ist eine weitere Anerkennung seiner Leistung.
Wir im Leaders Club Deutschland sind stolz auf unser Mitglied Bodo Wanjura. Damals, 2008, hat er mit seiner Idee und der Kraft seiner Persönlichkeit nicht nur mich, sondern das gesamte Fachpublikum überzeugt. Bravourös gewann Bodo Wanjura mit „Die Kuh die lacht" die Goldene Palme als innovatives Restaurant des Jahres 2008.
Ich wünsche allen Burger-Liebhabern viel Spaß beim Lesen, beim Braten der Patties und beim Nachbauen der Burger. Für ein rundum nachhaltiges Genusserlebnis sollte Folgendes bedacht werden: Nur wenn auch die Kuh in ihrem Leben gelacht hat, kann der Burger wirklich schmecken.

Jean-Georges Ploner
Geschäftsführer Ploner Hospitality Consulting
Vorstand Leaders Club Deutschland

MIT LIEBE
FRISCH
GEMINZT.
EIN KLEINES
HAPPY END
FÜR DICH

Warum macht man trotz McDonalds & Co. ein Burger-Restaurant auf?

Viele Konsumenten sind hin und her gerissen, wenn es darum geht, einen Hamburger mit Genuss zu essen. Auch wenn die Mehrheit der Fleischesser den Biss in einen Burger sehr schätzt, schwebt doch unvermeidbar eine kleine Wolke schlechten Gewissens über ihnen, verursacht durch die Medienberichterstattung über Fast-Food im Allgemeinen oder die Bedeutung einer gesunden Ernährung in unserer modernen Gesellschaft. Entweder werden die industrielle Herstellung und die verwendeten Zutaten in Frage gestellt oder die eher unausgewogene Zusammenstellung der Speisen aus Sicht von Ernährungsprofis. Ohne Widerrede muss man den Kritikern und Fachleuten in diesem Punkt in Teilen Recht geben.

Genau an dieser Stelle fing für uns vor acht Jahren eine Reise ins „Burger-Land" an: eine Reise, die mit viel Überzeugungsarbeit, Transparenz und Mühen verbunden war. Gleichermaßen aber auch mit sehr viel positiver Resonanz, Freude und allem voran Genuss. Im Laufe des Jahres 2006 entstand die Idee, ein Burger-Restaurant zu eröffnen, in dem mit gutem Gewissen in den Burger gebissen werden kann. Zu diesem Zeitpunkt waren selbst in den Restaurants mit betont US-orientierter Küche – den Diners oder Sportsbars – vornehmlich nur Tiefkühlfleisch und Tiefkühlbrötchen im Einsatz, wenn es um Burger ging. Also kaum ein wirklicher Unterschied zu den beiden großen Ketten. Zudem waren mit Ausnahme von Salat, Zwiebeln und Tomaten auch die restlichen Bestandteile der Burger in den meisten Fällen industriell gefertigt – ganz besonders die Saucen. Aus Sicht der Betreiber ermöglichen diese eine maximale Flexibilität bei der Haltbarkeit und Bevorratung der Zutaten. Den Geschmack des Endproduktes beurteilt dabei aber niemand.

Genuss ohne Gewissensbisse

Aber es geht eben auch anders, wenn man will. Patties, die täglich von Hand aus frisch hergestelltem Hackfleisch erweckt werden. Schmackhafte Brötchen, die täglich vom Bäcker gebacken werden und deshalb auch ohne Konservierung auskommen. Und zu guter Letzt Saucen, die nach eigenen Rezepturen täglich beziehungsweise jeden zweiten Tag zubereitet werden. Dies alles miteinander kombiniert, sorgt vor allem für eins: Es treibt die Gewissenswolken über den Köpfen der Gäste weg und lässt Genuss und Geschmack wieder in die Burger-Welt einziehen.

Herzlich willkommen bei der „Kuh die lacht"!
Und guten Appetit – Bodo Wanjura

Und nicht nur die Kuh lacht! Personal wie Gäste haben bei unseren Burgern Spaß.

RUND UM DEN BURGER

Frische Zutaten, eigene Rezepturen – nur so entsteht der einzigartige Geschmack bei der „Kuh, die lacht!“. Das gilt sowohl für die Burger als auch für Salate und Beilagen.

WARUM EINFACH,

wenn es auch besser geht?

In all den Jahren, seitdem es „Die Kuh die lacht" gibt, wurden wir regelmäßig von den Vertretern vieler Lebensmittelhersteller mit unschlagbaren Produktangeboten beehrt: Pommes-frites in fast jeder Form und Kombination. Patties, die eine Mischung aus Hackfleisch und Steaks sind. Patties (die Brätlinge), die besonders lange Lagerfristen haben oder einfach unschlagbar günstig sind. Jedes Angebot versprach uns eine Vielzahl an Vorteilen. Bei der Frage nach dem Geschmack dieser Produkte stockte jedoch bei fast allen Verkäufern das Verkaufstalent. Oft habe ich daraufhin die rheto-rische Frage gestellt, ob sie vor der Kontaktaufnahme die Internetseite unseres Unternehmens konzentriert gelesen haben. Wenn wir uns einer Sache verschrieben haben, dann der, dass wir das Bestreben haben, möglichst viel selbst herzustellen. Wie bei dem Artikel über den Ketchup hat dies zwar gelegentlich zu einer eigenen Dynamik geführt, jedoch war und ist es unser Ziel – im Sinne unserer Gäste –, eine klare Position hinsichtlich der Aussage zu Inhaltsstoffen, Herkunft oder Zubereitung zu beziehen. WIR stellen den Ketchup oder die Mayonnaise her. WIR wolfen täglich das Rindfleisch und formen es zu den Patties, die dann kurz danach auf dem Grill für unsere Gäste landen. WIR produzieren die benötigten Zutaten selbst und rennen eben nicht schnell ins Tiefkühlhaus, um wieder eine Packung Tiefkühl-Patties oder Tiefkühl-Pommes-frites zu öffnen.

Ich möchte dabei gar nicht ausschließen, dass es Lebensmittel gibt, bei denen die Tiefkühlmethode zu einem besseren Ergebnis im Moment des Konsums für die Verbraucher führt. Obgleich ich selbst nur ein Quereinsteiger in der Gastronomie bin, leuchtete mir aber von Anfang ein, dass eine Differenzierung der Leistung gegenüber unseren Gästen nicht über Tiefkühl- und Fertigprodukte erfolgen kann, sondern nur, wenn wir uns als Unternehmen einfach etwas mehr anstrengen, um ein unvergleichbares Erlebnis zu erzeugen.

DAS LIEBE FLEISCH

Hauptsache frisch!

Wie findet man das richtige Fleisch für den perfekten Burger? Was ist überhaupt das „richtige" Fleisch? Es gibt viele überzeugende Theorien für einen gelungenen Burger. Manchen ist die Verwendung von amerikanischem Fleisch so wichtig. Andere schwören auf Tiefkühl-Patties. Wiederum andere essen ihren Burger nur mit Patties aus frisch durchgelassenem Hackfleisch und neuerdings spielt zunehmend für einige die regionale Herkunft eine Rolle.

Auch wenn die großen Hersteller einem als Großabnehmer versichern, dass durch das schonende Gefrierverfahren dem Fleisch auf zellulärer Ebene nur wenig Schaden zugefügt wird, trocknen die Patties bei normaler Weiterverarbeitung auf einem regulären Grill mit Gas, Holzkohle oder Strom trotzdem leicht aus. Sie sind in dieser Form eigentlich für sogenannte Kontaktgrills gemacht, die gleichzeitig von beiden Seiten das Patty garen und damit schneller sind als die Standardmethoden.

Wir haben für uns den Schwerpunkt auf die Eigenproduktion von Patties aus frischem Rindfleisch aus Deutschland gelegt und uns bewusst gegen Bio-Fleisch entschieden. Der Grund dafür ist relativ einfach: Das was „Bio" einmal ausgemacht hat, ist durch die extreme Kommerzialisierung komplett verloren gegangen. Der ursprüngliche regionale Herkunftsgedanke ist in

Die flauschigen Galloway-Rinder dürfen auf saftige Wiesn grasen und leben ein glückliches Leben. Und das schmeckt man!

den allermeisten Fällen nicht mehr aufrechtzuerhalten und inzwischen kommt ein Teil der Bio-Lebensmittel aus China, Afrika oder Südamerika. Das soll keine Klage sein. Zu viele Menschen wollen Bio-Lebensmittel, die in dieser Menge nicht mehr in Deutschland, inzwischen auch teilweise nicht mehr in Europa, erzeugt werden können. Deshalb haben wir eine regionale Fleischalternative in unseren Restaurants auf der Karte. Für alle Gäste, denen der regionale Bezug wichtig ist, können wir so etwas aus der Umgebung anbieten. Unsere Gäste haben uns in wiederholten Befragungen mitgeteilt, dass die Frische unserer Burger für sie das Ausschlaggebende ist. Nur dies ist für uns maßgebend.

Saftige Wiesen, glückliche Viecher

DIE BURGER-MANUFAKTUR

Vom Rindfleisch zum Patty

Man macht sich bei der Entwicklung eines Burger-Restaurants über viele Dinge Gedanken: über das richtige Fleisch, die besten Brötchen und frische Pommes-frites. Aber scheinbar einfache Aspekte wie das Wolfen des Fleisches und das Formen des Hackfleisches zu Patties stehen erst am Ende auf der Aufgabenliste. Und dabei sind beide Arbeitsschritte ganz maßgeblich für das Ergebnis auf dem Grill: Die richtige Körnung und Vermengung von Fett, Muskelfleisch und Gewürzen lassen den Biss in den Burger erst zu einem Erlebnis werden.

Der Biss in den Burger soll zu einem Erlebnis werden

Die Arbeitsschritte in der Küche sind dabei genauso entscheidend. Auch wenn man am Anfang versucht mit seinem Tabellenkalkulationsprogramm zu berechnen, wie viel von was wie oft gemacht werden muss, dann sieht die Realität am Ende ganz anders aus. Am Anfang war uns nicht bewusst, dass wir mit ein und demselben Patty-Former annähernd 300.000 Patties innerhalb von drei Jahren formen würden. Und dies nur mit Muskelkraft und einem verlässlichen mechanischen Gerät. Der Zylinder, in den das frische Hackfleisch gegeben wird, um es zu formen, hat etwa 1 Kilogramm Fassungsvermögen. Mit etwas Druck über einen Hebel wird das Fleisch in eine Vertiefung gedrückt, die in einem drehbaren Teller gefasst ist. Mit jeder 90-Grad-Drehung wird eine von zwei Vertiefungen erneut gefüllt und über eine Ausstellplatte mechanisch nach oben gedrückt. Am Ende des Arbeitsganges werden je nach Tagesbedarf zwischen 300 und 600 Patties geformt. Ganz unspektakulär – aber viel entscheidender: ganz verlässlich, ohne Ausfall und sogar noch ohne den Einsatz von Strom.

So unscheinbar und altmodisch das Gerät in der Küchenlandschaft aussieht, unser Unternehmen wäre hilflos ausgeliefert, wenn es in der täglichen Produktion ausfallen würde. Nebenbei sparen sich die Küchenmitarbeiter auch das Geld für das Fitnessstudio.

So enstehen nicht nur Patties, sondern auch Muckies!

EINE FRIKADELLE IST KEIN BURGER

Viel simpler, als man denkt

Im Laufe der Jahre hört man von seinen Gästen alle möglichen Bezeichnungen für die Fleischauflage des Burgers: Bulette, Klops, Fleischpflanzerl, Fleischküchle, Hacktäschli oder Fleischkrapfle. Jedoch bezeichnen sie durchweg etwas anderes als das, was sich eigentlich auf dem Burger befindet. Sie alle bestehen in der Regel aus der Mischung von Schweine- und Rinderhackfleisch. Zudem sind gemeinhin bei diesen Produkten auch noch weitere Bestandteile wie Ei, Zwiebeln, Kräuter oder alte Brotreste enthalten, wobei die regionale Vielfalt in diesem Punkt noch viel weiter geht. Der Metzger sagt dazu gerne auch neutral: Brätling. Jedoch hat sich der englische Begriff inzwischen als Fachbegriff durchgesetzt und deshalb befindet sich auf dem Burger heutzutage auf Neudeutsch ein „Patty" (Plural: Patties). Und damit findet auch gleich eine weitere Eingrenzung statt: Ein Hamburger-Patty besteht zu 100 Prozent aus Rindfleisch und ist in dieser Form auch im Deutschen Lebensmittelrecht definiert. Einzig Salz und Gewürze sind ergänzend erlaubt. Aber wie so eine rechtliche Definition manchmal ist: Dies gilt nur für Patties, die unter dem Begriff „Hamburger" angeboten werden. Beim „Cheeseburger" greift diese Regelung schon wieder nicht mehr. Tja, so ist das mit dem Lebensmittelrecht. Übrigens nicht nur in Deutschland. In unseren Restaurants halten wir uns von Anfang an die Regel: Unsere Patties enthalten nur Rindfleisch, Salz und Pfeffer. Punkt! Der Rest kommt auf das Brötchen oder als Auflage auf das Patty. Manchmal hört man noch den Begriff *slider* im Zusammenhang mit Burger. Das hat aber nichts mit dem Fleisch zu tun, sondern bezeichnet nur einen etwas kleineren Burger, besonders bekannt durch die US-Kette „White Castle". Ein *slider* hat ein Gewicht zwischen 50 und 80 Gramm. Typischerweise wird das *slider*-Hackfleisch mit der Hand oder mit einem Eisportionierer zu einer Kugel geformt und mit der Palette (Grillspachtel) auf die Grilloberfläche „geschmiert". Daher das Wort *slider*.

100 % Rindfleisch – und sonst nichts!

DIE MAGIE DES WOLFENS

Ein Patty wird geboren

Wie in dem Abschnitt über die Frikadelle bereits angesprochen, gehört eigentlich nicht viel in das Patty: Fleisch, Salz und Pfeffer. Aber wenn man sich erst einmal mit der Herstellung von Hackfleisch beschäftigt, dann kommen gleich sehr viele Folgefragen, mit denen man zuvor nicht gerechnet hat. Da geht es schon mal mit der Auswahl der richtigen Abschnitte von den Rindern los. Oder ob man Fleisch von Jungbullen oder Kühen verwenden soll. Schließlich muss man sich auch entscheiden, wie körnig das Hackfleisch werden soll. Dies wird durch die sogenannte Lochscheibe des Fleischwolfes definiert. Diese gibt es von 2 Millimeter (fein), 5 Millimeter (Standard für Hackfleisch beim Metzger) bis 12 Millimeter und mehr (grob). Wenn man mit der 2-Millimeter-Scheibe arbeitet, hat man quasi Tatar. Wir haben sehr gute Erfahrungen mit den 4-Millimeter-Lochscheiben gemacht. Das gewolfte Fleisch bleibt noch in der Struktur erhalten, lässt sich aber gut verarbeiten, das heißt, es kommt zu einer guten Verbindung der einzelnen Bestandteile des Fleisches und damit zu einer festen Bindung des Fleisches im Patty.

Stellt sich nun die Frage, welche Art Fleisch man beim Metzger einkauft. Es steht einem Jungbullenfleisch und Kuhfleisch zur Verfügung. Jungbulle ist magerer und feiner im Geschmack, Kuhfleisch ist eher fettreich und kräftiger. Wir haben uns relativ bald auf Jungbulle konzentriert und haben damit sehr gute Erfahrungen gemacht. Wenn man den intensiven Fleischgeschmack bevorzugt, dann sollte man auf Kuhfleisch zurückgreifen. Am besten ist es, wenn man den Unterschied zwischen den Fleischarten einfach mal selbst versucht zu erleben. Und man merkt es relativ einfach.

Das Verhältnis von Muskelfleisch zu Fett ergibt sich übrigens aus der Wahl des jeweiligen Körperteils des Rinds. Die verschiedenen Schlachtteile haben eine typische Muskelfleisch-Fett-Charakteristik. Wir verwenden beispielsweise Stücke von der Brust und Schulter des Jungbullen. Beide haben einen Fettgehalt von höchstens 20 Prozent. Bauchspeck hat beispielsweise über 60 Prozent, ein typisches Rinderfilet nicht mehr als 5 Prozent Fettanteil. Auf Basis dieses Wissen selektieren auch die Metzger das Schlachtfleisch für die weitere Verwendung. Nur sehr spezialisierte Großbetriebe verwenden elektronische Fettmessgeräte, die den Fettgehalt sehr exakt bestimmen können. Die Patty-Zulieferer der beiden großen Burger-Ketten arbeiten mit solchen Geräten, denn die Konzerne erlauben nur minimale Abweichungen beim Fettgehalt.

Fleischstruktur und Fettgehalt müssen stimmen

RINDFLEISCH-PATTIES

Für 4 Personen • Zubereitungszeit: 10 Minuten

FÜR DIE PATTIES

z640 g Hackfleisch vom Rind
64 g Salz
6,5 g Pfeffer
Öl zum Braten

ZUBEREITUNG

1. Salz und Pfeffer gleichmäßig über das Hackfleisch streuen und intensiv untermischen. Je 160 g Hackfleisch in der Hand zu einem handtellergroßen Patty formen und in der Mitte ein Loch mit dem Finger bohren. Je flacher das Patty ist, desto weniger wird es auf dem Grill oder in der Pfanne schrumpfen. Das Loch in der Mitte des Patty sorgt dafür, dass die Verformung nach oben und unten während des Garprozesses minimiert wird.
2. Die Patties auf den Grill legen und 3–4 Minuten auf jeder Seite grillen. Sie können auch in einer Pfanne gebraten werden. Ein dauerndes Wenden der Patties bringt, bis auf die Arbeit, nichts.

Das Rindfleisch-Patty ist die Essenz des Burgers. Egal, wie viel man „produziert", die Qualität muss stimmen.

DAS GRILLEN DES FLEISCHES

Wie aus Hackfleisch ein Burger wird

Wenn es um die Art der Zubereitung der Patties geht, gibt es viele Meinungen, Methoden und Theorien. Was ist nun besser? Auf Holzkohle grillen, auf Gas, in der Pfanne braten oder im Wasserbad garen? Jede der Methoden funktioniert und schmeckt. Also kommt es letztlich eher auf die Umstände und auf das beabsichtigte Geschmackserlebnis an.
In unseren Restaurants haben wir die Patties sehr lange auf einem offenen Gasgrill zubereitet. Wir wollten die Praktikabilität der Hitzesteuerung und trotzdem den typischen Grillgeschmack im Fleisch haben. Über das V-förmige Profil des Grillrostes hatten wir zudem beabsichtigt, möglichst viel des überschüssigen Fettes abzuführen. Jedoch haben wir dann sehr viel später in einer Befragung unserer Gäste festgestellt, dass unsere Burger sehr schnell als zu trocken wahrgenommen wurden. Seither haben wir auf elektrische Grillplatten umgestellt und servieren sehr saftige Burger.
Privat ist es natürlich nochmals eine andere Sache! Wenn man an einem lauen Sommerabend daheim im Garten den Grill mit Holzkohle (oder Kohlebrikettes) anfeuert, hat man im Vergleich zum Gasgrill wiederum das Lagerfeuerflair und durch den Energieträger Holzkohle auch den unverwechselbaren Rauchgeschmack im Burger. Da kann quasi nichts mithalten.
Aber nicht jeder hat einen Garten und deshalb ist es gleichermaßen legitim, die Patties daheim in einer Pfanne zuzubereiten. Das geht sehr schnell und ist zudem auch super simpel. Auch in unseren Restaurants sind die Grills letztlich nichts anderes als große Pfannen. Und auch in diesen kleinen beziehungsweise großen Pfannen kommt es zur gewünschten Entwicklung der (Grill-)Aromen im Fleisch.

Auf das Aroma kommt es an

Das unerwarteteste Burger-Erlebnis und Ergebnis hat man, wenn man die Patties zur Abwechslung mal in Wasser gart (siehe „Zwiebel Burger", Seite 130). Im Gegensatz zu den anderen Garmethoden wird beim Garen in heißem Wasser das Fleisch sehr geschont und es behält stärker die Saftigkeit, die wir uns oft wünschen. Also bitte unbedingt den Zwiebel Burger nachkochen. Es lohnt sich!

BRÖTCHEN

Deutschland gegen die USA

Bei den Brötchen scheiden sich beim Burger die Geister. In den USA hat das Brötchen gemeinhin nur die Aufgabe, das Fleisch dazwischen zu halten. Punkt! Geschmacklich wird dem Brötchen dort nichts abgewonnen. Auch in Deutschland haben die beiden großen Burger-Anbieter diese Philosophie mit ihren Restaurants importiert und die Brotnation Deutschland hat es mangels Alternativen stillschweigend akzeptiert.

Genau in diesem Punkt wollten wir mit unserem Konzept ein Zeichen setzen: Neben das frische Fleisch wollten wir ein geschmacklich überraschendes Brötchen setzen. Die Aufgabe bestand also darin, eine Bäckerei zu finden, die weit genug offen war, die herkömmlichen deutschen Teigmischungen aufzugeben und sich mit den Eigenheiten eines potentiellen Burgerbrötchens zu beschäftigen. Diese Offenheit boten nicht viele Bäckereien, teils weil sie nicht die Zeit dazu fanden, teils weil sie nicht an die prognostizierten Abnahmezahlen glaubten. Wie dem auch sei, eine Bäckerei – „unsere" Bäckerei – tat es. Nach einigen Versuchsrunden hat sie uns ein Brötchen ganz ohne künstliche Teigzutaten und Treibmittel, dafür aber mit einem ordentlichen Milch- und Butteranteil gezaubert. Wenn man das Brötchen aufbricht, dann springt einem förmlich eine aromatische Welle aus Butter und Milch entgegen – mit einer leichten säuerlichen Unternote –, wie man es selten bei einem Brötchen erlebt.

Echte Brötchen mit echtem Geschmack

Auch bei den Brötchen gilt: Egal, wie viele „produziert“ werden, auf die Qualität kommt's an.

Die richtigen Zutaten sind essenziell. Nur frische, sonnengereifte Tomaten haben das richtige, intensive Aroma.

KETCHUP IST NICHT GLEICH KETCHUP

Geschmack pur!

Eine weitere Grundsäule unseres Restaurantkonzeptes sollte sein, dass wir alle Saucen nach eigenen Rezepten frisch herstellen. Zum einen wollten wir den Einfluss auf den Geschmack und die Zutaten haben. Zum anderen wollten wir auch in diesem Bestandteil des Burgers unseren Gästen absolute Frische bieten.
Mit viel Elan und nach mehreren Versuchsrunden hatten wir die ideale Rezeptur für den hauseigenen Ketchup gefunden: sehr viel pürierte Tomaten, ein paar außergewöhnliche Gewürze (zum Beispiel Kreuzkümmel). Und mit einem tollen Nebeneffekt: Unsere Kreation hatte nur ein Bruchteil des Zuckergehaltes gegenüber den handelsüblichen Marken.
Bereits nach den ersten Öffnungsstunden im Frühjahr 2007 fragten unsere Gäste nach einem „richtigen" Ketchup. Da wir mit unserem Angebot von den damals üblichen Geschmacksmustern bei den Burgern deutlich abwichen, hatten wir uns in internen Schulungen die entsprechenden Antworten beziehungsweise Erklärungen zurechtgelegt. Jedoch mit einer Ausnahme: dem Ketchup. Und in diesem Moment ist uns bewusst geworden, welches Produkt geschmacklich noch stärker erlernt ist als der Burger: der Ketchup. Jedoch haben wir an dem Konzept des eigenen Ketchups festgehalten und in den ersten beiden Jahren in Kauf genommen, unsere Idee dahinter immer und immer wieder zu erklären. Ab dem dritten Jahr wendete sich langsam das Blatt zu Gunsten unseres Ketchups, die Mehrheit der Gäste befürwortete diesen und die Frage nach den Handelsmarken verhallte komplett. Im aktuell siebten Jahr des Bestehens der „Die Kuh die lacht" prüfen wir nun, ob es sich lohnt, den Ketchup in Flaschen abzufüllen und zu verkaufen.

DIE WAHL DER GEWÜRZE

Qualität muss sein

In Fernseh-Sendungen sieht man oft diese großen Pfeffermühlen, die von TV-Köchen geschwungen werden, um eindrucksvoll für die Zuschauer die zubereiteten Speisen zu würzen. Gleiches gilt heutzutage auch zum vermeintlich guten Ton in vielen Restaurants. Auch wenn es hierbei mehr um die Show als um die kulinarische Wirkung geht, so ist dennoch klar, dass frische und hochwertige Gewürze einen deutlichen Unterschied im Geschmack ausmachen.
Leider sind wir als Supermarkt-Käufer nur durchschnittliche bis minderwertige Qualität bei Gewürzen gewohnt. Man hört tatsächlich sogar immer wieder, dass einige Anbieter die gesetzlich zugelassenen Oberwerte für Füllstoffe komplett ausschöpfen. Als normaler Verbraucher wird man hierfür vermutlich kaum eine Erklärung erhalten.

Nur frischeste Zutaten werden ausgewählt

Nun aber wieder zurück zu den Gewürzen bei der Zubereitung von Burgern und Co. Bei der Herstellung unseres hauseigenen Ketchups und auch bei den Patties, die nur mit Salz und Pfeffer gewürzt werden, hat uns die Erfahrung gezeigt, dass frische und hochwertige Gewürze einen großen Unterschied machen. Und den merken auch unsere Gäste!
Deshalb möchte ich an dieser Stelle dafür plädieren, dass man auch bei der Zubereitung der Auflagen und Saucen in diesem Buch mit dem Frischegrad und der Qualität der verwendeten Gewürze experimentiert. Koriandersamen frisch zerstoßen, Pfeffer frisch gemahlen oder frisch geschnittenes Basilikum anstelle von getrocknetem machen einen immensen Unterschied im Geschmack. Dabei kann es durchaus sein, dass es geschmackliche Abweichungen zu den gelernten Geschmäckern gibt.

Auch wenn bei der „Kuh, die lacht" im Akkord gearbeitet wird, werden alle Burger-Bestandteile mit Bedacht ausgewählt und entwickelt.

EXPERIMENTIER-KASTEN

Den Burger-Horizont erweitern

Wenn wir in den vergangenen Jahren in unseren Restaurants eines festgestellt haben, so ist es die Erkenntnis, dass das Thema Burger definitiv nicht mit dem Cheeseburger endet. Auch wenn er das ultimative Referenzprodukt ist, so bietet das Thema Burger dennoch ungeahnte Möglichkeiten, kreativ sein zu dürfen.
Gleich ob es ein Burger mit japanischen Nudelplatten anstatt von Brötchen, die typisch deutsche Ente mit Rotkohl anstatt des klassischen Rindfleisches oder ein polynesischer Burger mit vielen exotischen Früchten anstatt mit Käse und Speck ist: Solange man mit seinen Gästen Spaß hat und es allen schmeckt, sind einem keine Grenzen gesetzt.
Der Experimentierkasten „Burger" lässt alles zu. Selbst der Weg weg vom Patty hin zur Frikadelle ist grundsätzlich erlaubt. In der Burger-Nation Nummer eins, den USA, sind Frikadellen im deutschen Sinne kein Bestandteil der alltäglichen Ernährung. Und gerade deshalb experimentieren Amerikaner besonders gerne mit Zutaten in den Patties. Auf diese Weise erweitern sie ihren bisher sehr puristischen Burger-Horizont in ungeahnter Art und lernen die kulinarische Welt auf ein Neues kennen.
Und was die Amerikaner können, das gilt auch für uns. Wer hätte gedacht, dass unsere Gäste einen Burger mit „angemachtem" (Harzer) Käse mit Musik (mit Zwiebeln und Öl) so positiv annehmen. Wer hätte gedacht, dass ein Burger mit sauer eingelegtem Gemüse und Leberwurst den Geschmack der Gäste trifft.
Genau aus diesem Grund: Dieses Buch liefert hoffentlich Ideen und noch viel mehr Anregungen nach Lust und Laune den Burger-Experimentierkasten ohne Hemmungen zu erweitern und in ungeahnte Burger-Sphären vorzudringen.

Ideal, um sich kulinarisch auszutoben

Spaß gehört immer mit dazu! Nur mit Kreativität und manchmal „verrückten" Ideen, entstehen solch leckere Burgerkreationen wie bei der „Kuh die lacht".

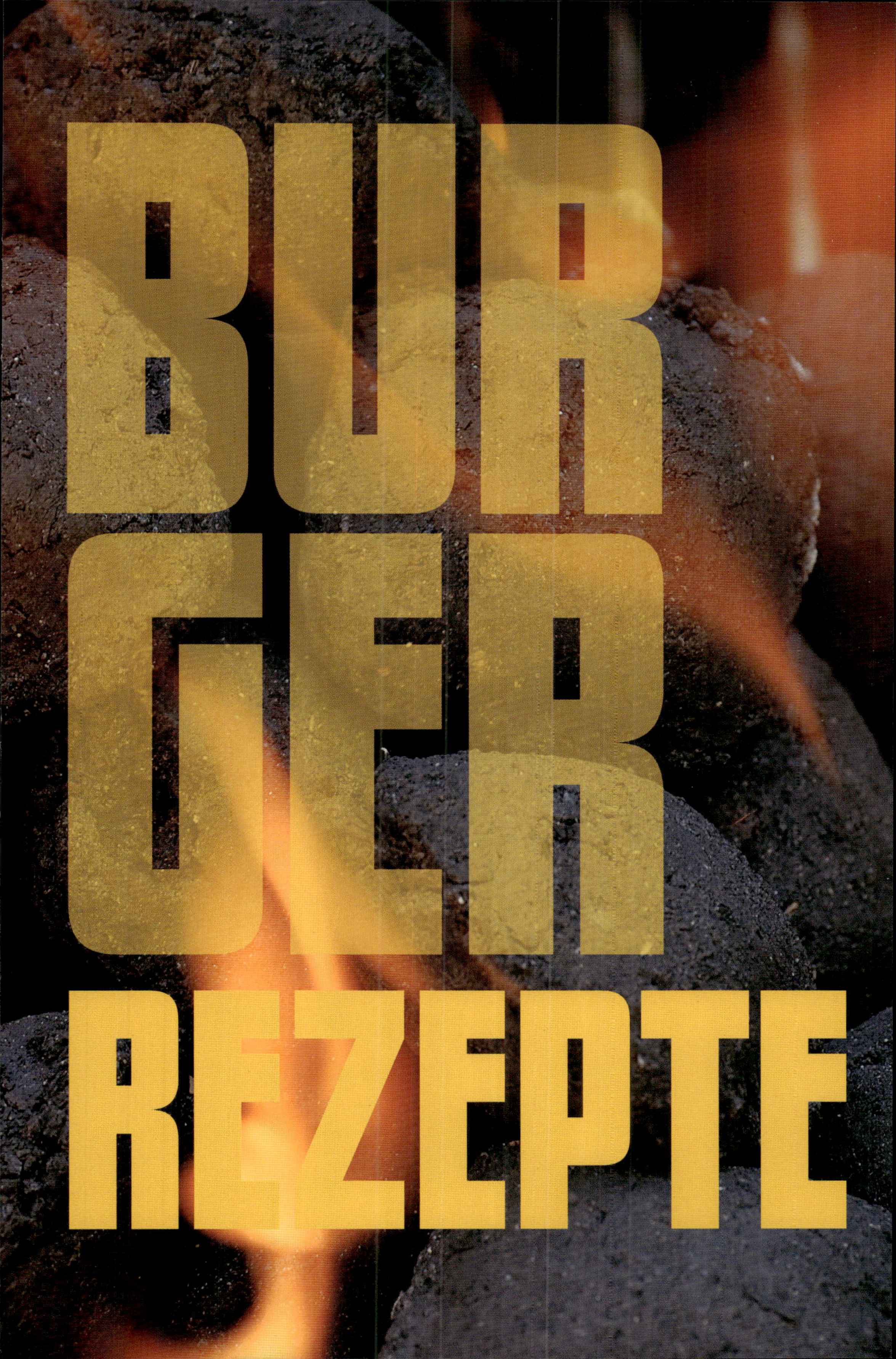

BURGER REZEPTE

Kanada
USA
Mexiko
Guatemala
Peru
Chile
Europa
Marokko
Algerien
Connecticut
Georgia
Kalifornien
Kansas
New Mexico
Pennsylvania
Texas
Hawaii
N
W
E
S

China
Japan
Libanon
Indien
Thailand
Vietnam
Philippinen
dan
Kenia
Tansania
Australien
Deutschland
Frankreich
Griechenland
Italien
Niederlande
Norwegen
Schweiz
Spanien

DIE KLASSIKER

Beim Besuch eines Burger-Restaurants kann und sollte man sich weltweit bei der Wahl seines Burgers immer auf die sogenannten A-Produkte verlassen. Das sind Referenzprodukte, die sich am besten verkaufen. Schmecken diese nicht, ist die Wahrscheinlichkeit hoch, dass auch der Rest der Burger – leider – nicht schmeckt. Zu diesen Vergleichsprodukten zählen der Cheeseburger und sein Bruder, der klassische Hamburger, sowie die große Version des Cheeseburgers mit zwei Lagen Fleisch und unter anderem auch der Barbecue Burger. Da sie verhältnismäßig länderunabhängig sind, haben wir ihnen eine eigene Kategorie auf unserer Burger-Reise um die Welt gegeben: „Die Klassiker".

DER KLASSIKER

Der einfache Hamburger

Für 4 Personen • Zubereitungszeit: 15 Minuten
Sauce für 8 Burger • Zubereitungszeit: 40 Minuten

FÜR DEN KETCHUP À LA KUH

25 g rote Zwiebeln
1 kleine Knoblauchzehe
etwa ½ cm Ingwer
1 TL Traubenkernöl
1 EL Tomatenmark
25 ml Apfelessig
1 TL brauner Zucker
250 g geschälte und passierte Tomaten
½ TL Dijon-Senf
½ TL Zuckerrübensirup
½ TL gemahlener Kreuzkümmel
Salz, frisch gemahlener Pfeffer

FÜR DIE BURGER

4 Burger-Brötchen (siehe Seite 180)
8 EL Ketchup (siehe links)
8 Tomatenscheiben
8 Gurkenscheiben
4 EL Senf
8 Blätter Lollo bianco
4 Rindfleisch-Patties (siehe Seite 19)

ZUBEREITUNG

1. Für den Ketchup die Zwiebeln und den Knoblauch abziehen und klein hacken. Den Ingwer schälen und fein hacken. Alles mit dem Traubenkernöl im Küchenmixer pürieren. Die Masse in einen Topf geben, bei niedriger Temperatur erhitzen und 3–4 Minuten andünsten. Das Tomatenmark dazugeben und leicht rösten, bis es aromatisch riecht. Den Apfelessig und den braunen Zucker dazugeben und rühren, bis der Zucker geschmolzen ist. Tomaten, Senf und Zuckerrübensirup hinzufügen und für 15–20 Minuten köcheln lassen. Zum Schluss mit Kreuzkümmel, Salz und Pfeffer abschmecken. Den Topf vom Herd nehmen und den Ketchup abkühlen lassen.
2. Für die Burger die Brötchen quer aufschneiden und die Schnittflächen goldbraun toasten. Die Brötchenunterteile mit jeweils zwei EL Ketchup bestreichen und mit je zwei Tomaten- und zwei Gurkenscheiben belegen. Die Brötchenoberteile mit jeweils 1 EL Senf bestreichen und mit je zwei Blättern Lollo bianco belegen.
3. Die Rindfleisch-Patties noch heiß auf die vorbereiteten Brötchenunterteile legen. Die Brötchenober- und -unterteile zusammenlegen und die Burger sofort servieren.

CHEESEBURGER

Der Held unter unseren Burgern

Für 4 Personen • Zubereitungszeit: 20 Minuten

FÜR DIE RÖSTZWIEBELN

2–3 große Zwiebeln
100 g Mehl
Sonnenblumenöl zum Frittieren

FÜR DIE BURGER

4 Burger-Brötchen (siehe Seite 180)
8 EL Ketchup (siehe Seite 36)
8 Blätter Lollo bianco
4 EL Senf
4 Rindfleisch-Patties (siehe Seite 19)
4 Scheiben Chesterkäse
4 EL Röstzwiebeln (siehe links)
8 Tomatenscheiben

TIPP

Der Lollo bianco kann durch Chicorée ersetzt werden. Wer mehr Käse möchte, belegt zusätzlich die Tomaten mit einer Scheibe.

ZUBEREITUNG

1. Für die Röstzwiebeln die Zwiebeln abziehen und in kleine Stücke schneiden. Das Öl in einer Pfanne erhitzen. Die Zwiebelstücke in Mehl wenden und anschließend in dem heißen Öl frittieren.
2. Für die Burger die Brötchen quer aufschneiden und die Schnittflächen goldbraun toasten. Die Brötchenunterteile mit jeweils 2 EL Ketchup bestreichen und mit je zwei Blättern Lollo bianco belegen. Die Brötchenoberteile mit jeweils 1 EL Senf bestreichen.
3. Die Rindfleisch-Patties kurz vor Ende der Garzeit mit den Käsescheiben belegen und auf die vorbereiteten Brötchenunterteile legen. Jeweils 1 EL Röstzwiebeln und zwei Tomatenscheiben darauf verteilen. Die Brötchenober- und -unterteile zusammenlegen und die Burger sofort servieren.

CHEF BURGER

mit viel Fleisch und karamellisierten Zwiebeln

Für 4 Personen • Zubereitungszeit: 20 Minuten

FÜR DIE KARAMELLISIERTEN ZWIEBELN

2 große rote Zwiebeln
1 EL Sonnenblumenöl
2 EL brauner Zucker
50 ml Balsamicoessig
Salz
frisch gemahlener Pfeffer

FÜR DIE BURGER

8 Scheiben Speck
4 Burger-Brötchen (siehe Seite 180)
8 EL Ketchup (siehe Seite 36)
12 Stängel Rucola
4 EL Senf
8 Blätter Lollo bianco
8 Rindfleisch-Patties (siehe Seite 19)
8 Scheiben Chesterkäse
8 Tomatenscheiben
4 EL karamellisierte Zwiebeln (siehe links)

ZUBEREITUNG

1. Für die karamellisierten Zwiebeln die Zwiebeln abziehen und in Scheiben schneiden. Das Öl in einer Pfanne erhitzen und die Zwiebeln andünsten, bis sie glasig werden. Den braunen Zucker zugeben und bei hoher Temperatur rühren, bis der Zucker karamellisiert. Die karamellisieren Zwiebeln mit dem Balsamicoessig ablöschen und mit Salz und Pfeffer abschmecken.
2. Für die Burger den Speck in einer Pfanne ohne Öl oder auf dem Grill braten, bis die Scheiben dunkel sind. Aus der Pfanne nehmen und auf Küchenpapier abtropfen lassen.
3. Die Brötchen quer aufschneiden und die Schnittflächen goldbraun toasten. Die Brötchenunterteile mit jeweils 2 EL Ketchup bestreichen und mit je drei Stängeln Rucola und zwei Scheiben Speck belegen. Die Brötchenoberteile mit jeweils 1 EL Senf bestreichen und mit je zwei Blättern Lollo bianco belegen.
4. Die Rindfleisch-Patties kurz vor Ende der Garzeit mit den Käsescheiben belegen. Je zwei Rindfleisch-Patties mit den Käsescheiben auf die vorbereiteten Brötchenunterteile legen. Jeweils zwei Tomatenscheiben und 1 EL Zwiebeln darauf verteilen. Die Brötchenober- und -unterteile zusammenlegen und die Burger sofort servieren.

DIE KUH DIE LACHT

BARBECUE BURGER

mit selbstgemachtem Rauchöl

Für 4 Personen • Zubereitungszeit: 20 Minuten
Sauce für 8 Burger • Zubereitungszeit: 70 Minuten

FÜR DIE BARBECUESAUCE

20 g junger Knoblauch
25 g Salz; 25 g rote Zwiebeln
etwa ½ cm Ingwer
1 TL Traubenkernöl; 1 EL Tomatenmark
25 ml Apfelessig; 1 TL brauner Zucker
250 g geschälte und passierte Tomaten
½ TL Dijon-Senf
40 ml Zuckerrübensirup
1 TL Schwarzkümmel
frisch gemahlener Pfeffer
25 ml Rauchöl (siehe rechts)

FÜR DAS RAUCHÖL

500 ml Olivenöl
Holzkohle (keine Briketts!)

FÜR DIE BURGER

8 Scheiben Speck
4 Burger-Brötchen (siehe Seite 180)
8 EL Barbecuesauce (siehe links)
8 EL Senf; 8 Blätter Lollo rosso
4 Rindfleisch-Patties (siehe Seite 19)
4 Scheiben Chesterkäse

TIPP

Anstatt Lollo rosso können Sie auch Pflücksalat verwenden.

ZUBEREITUNG

1. Für das Rauchöl glühende Kohle in einen Topf mit 500 ml Olivenöl geben und den Topf SOFORT schließen. Wiederholen, bis das Öl einen angenehm rauchigen Geschmack angenommen hat. Das Öl hält sich mehrere Monate.
2. Den Backofen auf 170 °C vorheizen. Den Knoblauch auf einem Salzhaufen im Ofen 45 Minuten rösten, abkühlen lassen und zu einer Paste reiben.
3. Die Zwiebeln und den Ingwer abziehen, hacken und mit dem Rauchöl pürieren. In einen Topf geben, bei geringer Temperatur 3–4 Minuten andünsten. Das Tomatenmark dazugeben und leicht rösten. Den Apfelessig und braunen Zucker dazugeben und rühren, bis der Zucker geschmolzen ist. Tomaten, Senf und Zuckerrübensirup hinzufügen und 15–20 Minuten köcheln lassen. Zum Schluss den Schwarzkümmel unterrühren und mit Salz und Pfeffer abschmecken. Abkühlen lassen.
4. Den Speck ohne Öl braten, abtropfen lassen. Die Brötchen quer aufschneiden und die Schnittflächen goldbraun toasten. Die Brötchenunterteile mit jeweils 2 EL Barbecuesauce, die Brötchenoberteile mit jeweils 1 EL Senf bestreichen und mit je zwei Blättern Lollo rosso belegen.
5. Die Rindfleisch-Patties kurz vor Ende der Garzeit mit den Käsescheiben belegen und auf die Brötchenunterteile legen. Mit jeweils zwei Scheiben Speck garnieren. Zusammenlegen und die Burger sofort servieren.

KLASSISCHES HUHN

Der Klassiker für alle Hühnerbrust-Liebhaber

Für 4 Personen • Zubereitungszeit: 30 Minuten + 12 Stunden marinieren

FÜR DIE HÜHNERBRUST-PATTIES IN MEDITERRANER MARINADE

1 Knoblauchzehe
4 EL frisch gepresster Zitronensaft
1 EL Rotwein
100 g Senf
1 TL getrockneter Oregano
1 TL getrockneter Thymian
1 TL getrockneter Rosmarin
Salz
frisch gemahlener Pfeffer
2 große Hühnerbrustfilets
Sonnenblumenöl zum Braten

FÜR DIE BURGER

4 Burger-Brötchen (siehe Seite 180)
8 EL Ketchup (siehe Seite 36)
8 Gurkenscheiben
8 Tomatenscheiben
4 EL Senf
8 Blätter Lollo bianco
4 Hühnerbrust-Patties (siehe links)

ZUBEREITUNG

1. Für die Marinade den Knoblauch abziehen und durch eine Knoblauchpresse drücken. Mit den restlichen Zutaten in einem Küchenmixer zu einer feinen Paste rühren. Die Hühnerbrüste quer aufschneiden, sodass man vier Fleischstücke erhält. Von allen Seiten mit der Marinade einreiben und etwa 12 Stunden im Kühlschrank ziehen lassen.
2. Die Hühnerbrüste aus dem Kühlschrank nehmen. Das Öl in einer Pfanne erhitzen und das Fleisch von allen Seiten braten.
3. Für die Burger die Brötchen quer aufschneiden und die Schnittflächen goldbraun toasten. Die Brötchenunterteile mit jeweils zwei EL Ketchup bestreichen und mit je zwei Gurken- und zwei Tomatenscheiben belegen. Die Brötchenoberteile mit je 1 EL Senf bestreichen und mit je zwei Blättern Lollo bianco belegen.
4. Die Hühnerbrust-Patties auf die vorbereiteten Brötchenunterteile legen. Die Brötchenober- und -unterteile zusammenlegen und die Burger sofort servieren.

BACON CHEESE HUHN

Hühnerbrust. Speck. Käse. Punkt.

Für 4 Personen • Zubereitungszeit: 20 Minuten

FÜR DIE BURGER

8 Scheiben Speck
4 Burger-Brötchen (siehe Seite 180)
8 EL Ketchup (siehe Seite 36)
4 EL Senf
8 Blätter Lollo bianco
4 Hühnerbrust-Patties (siehe Seite 47)
4 Scheiben Chesterkäse

ZUBEREITUNG

1. Für die Burger den Speck in einer Pfanne ohne Öl oder auf dem Grill braten, bis die Scheiben dunkel sind. Aus der Pfanne nehmen und auf Küchenpapier abtropfen lassen.
2. Die Brötchen quer aufschneiden und die Schnittflächen goldbraun toasten. Die Brötchenunterteile mit jeweils 2 EL Ketchup bestreichen und mit je zwei Scheiben Speck belegen. Die Brötchenoberteile mit je 1 EL Senf bestreichen und mit je zwei Blättern Lollo bianco belegen.
3. Die Hühnerbrust-Patties kurz vor Ende der Garzeit mit dem Käse belegen und auf die vorbereiteten Brötchenunterteile geben. Die Brötchenober- und -unterteile zusammenlegen und die Burger sofort servieren.

DAS KNUSPRIGE HUHN

Hühnerbrust im Cornflakes-Mantel

Für 4 Personen • Zubereitungszeit: 30 Minuten + 12 Stunden marinieren

FÜR DIE HÜHNERBRUST-PATTIES

1 Knoblauchzehe
3–4 Chilischoten
1 TL Koriandersaat
2 EL frisch gepresster Zitronensaft
60 ml Sonnenblumenöl
½ TL Cayennepfeffer
½ TL Paprikapulver
Salz
2 große Hühnerbrustfilets
100 g Cornflakes
Sonnenblumenöl zum Frittieren

FÜR DIE BURGER

4 Burger-Brötchen (siehe Seite 180)
4 EL Tropensauce (siehe Seite 163)
8 Blätter Lollo bianco
8 EL Ketchup (siehe Seite 36)
8 Scheiben gegrillte Paprika (siehe Seite 108)
4 Hühnerbrust-Patties (siehe links)

ZUBEREITUNG

1. Für die Hühnerbrust-Marinade den Knoblauch abziehen und klein hacken. Die Chilischoten entkernen und in sehr kleine Stücke schneiden. Die Koriandersaat hacken. Alles mit den restlichen Zutaten, bis auf die Cornflakes und das Sonnenblumenöl, im Küchenmixer fein mixen.
2. Die Hühnerbrüste quer aufschneiden, sodass man vier Fleischstücke erhält. Von allen Seiten mit der Marinade einreiben und etwa 12 Stunden im Kühlschrank ziehen lassen.
3. Für die Patties das marinierte Fleisch aus dem Kühlschrank nehmen. Die Cornflakes in einem Küchenmixer mahlen und das Fleisch darin wenden und so damit panieren. Das Öl in einer Fritteuse oder einem hohen Topf erhitzen und die Hühnerbrüste frittieren.
4. Für die Burger die Brötchen quer aufschneiden und die Schnittflächen goldbraun toasten. Die Brötchenunterteile mit jeweils 1 EL Tropensauce und mit je zwei Blättern Lollo bianco belegen. Die Brötchenoberteile mit je 2 EL Ketchup bestreichen und mit je zwei Scheiben gegrillter Paprika belegen.
5. Die Hühnerbrust-Patties auf die vorbereiteten Brötchenunterteile legen. Die Brötchenober- und -unterteile zusammenlegen und die Burger sofort servieren.

PORTOBELLO BURGER

Kräftig und süß im Geschmack

VEGGIE

Für 4 Personen • Zubereitungszeit: 30 Minuten + 20 Minuten backen

FÜR DIE LIMETTEN-SEMMELBRÖSEL

½ Limette
1 hartes Brötchen; 50 g Butter

FÜR DIE PORTOBELLO-PATTIES

8 Portobello-Pilze; 1 Knoblauchzehe
½ TL getrockneter Oregano
½ TL getrockneter Thymian
8 Scheiben Schafskäse (ca. 1 cm dick)

FÜR DIE BURGER

2 Burger-Brötchen (siehe Seite 180)
8 EL Mayonnaise (siehe Seite 74)
8 Stängel Rucola
4 Portobello-Patties (siehe links)
4 EL Limetten-Semmelbrösel (siehe links)

ZUBEREITUNG

1. Für die Semmelbrösel die Schale der Limette mit einer Reibe abreiben. Das Brötchen im Küchenmixer fein mahlen. Die Butter in einer Pfanne erhitzen, Semmelbrösel zufügen und leicht anrösten. Limettenschale unterrühren und 2 Minuten ziehen lassen. Vom Herd nehmen und abkühlen lassen.
2. Für die Patties die Stiele der Pilze abschneiden. Die Pilze unter kaltem Wasser waschen und vorsichtig mit Küchenpapier abtupfen. Den Knoblauch abziehen, hacken und mit den restlichen Zutaten zu einer Paste rühren.
3. Den Backofen auf 200 °C vorheizen. Die Pilze auf ein Backblech legen und für 15–20 Minuten backen. Kurz vor Ende der Garzeit mit der Gewürzpaste bestreichen und mit dem Schafskäse belegen.
4. Für die Burger die Brötchen quer aufschneiden und die Schnittflächen goldbraun toasten. Die Brötchenunterteile mit jeweils 2 EL Mayonnaise bestreichen und mit je zwei Stängeln Rucola belegen.
5. Die Portobello-Patties darauflegen und mit je 1 EL Limetten-Semmelbrösel bestreuen. Die Brötchenober- und -unterteile zusammenlegen und die Burger sofort servieren.

AUBERGINEN BURGER

Stark im Kommen: vegane Burger

VEGGIE

Für 4 Personen • Zubereitungszeit: 25 Minuten

FÜR DIE VEGANE MAYONNAISE

100 ml Sojamilch (Zimmertemperatur)
1 TL frisch gepresster Zitronensaft
Salz; frisch gemahlener Pfeffer
2 TL Senf; 125 ml Sonnenblumenöl

FÜR DIE AUBERGINEN-PATTIES

1 Aubergine
100 ml Olivenöl
Salz; frisch gemahlener Pfeffer
4 EL Worcestersauce

FÜR DIE BURGER

4 rote Zwiebeln
4 Burger-Brötchen (siehe Seite 180)
8 EL vegane Mayonnaise (siehe links)
4 EL Hummus (siehe Seite 102)
4 Blätter Spinat
4 Streifen gegrillte Paprika (siehe Seite 108)
8 Auberginen-Patties (siehe links)

ZUBEREITUNG

1. Für die vegane Mayonnaise die Sojamilch in einen Mixbecher geben. Den Zitronensaft unterrühren und kurz stehen lassen, sodass die Milch etwas gerinnt. Salz, Pfeffer und Senf unterrühren. Die Milch mit einem Pürierstab auf höchster Stufe mixen und dabei das Öl in einem dünnen Strahl zugießen. Den Pürierstab langsam nach oben bewegen und vorsichtig weiter mixen, bis eine homogene, feste, weißlich-cremige Masse entsteht.
2. Für die Patties die Aubergine waschen und die Enden so abschneiden, dass das mittlere Stück möglichst groß und gleichmäßig geformt ist. Die Aubergine in 2 cm dicke Scheiben schneiden. Das Öl in einer Pfanne erhitzen. Die Auberginenscheiben salzen, pfeffern und anbraten, bis das Fleisch beginnt dunkel zu werden. Mit Worcestersauce ablöschen.
3. Für die Burger die Zwiebeln abziehen und in Scheiben schneiden. Die Brötchen quer aufschneiden und die Schnittflächen goldbraun toasten. Die Brötchenunterteile mit jeweils 2 EL Mayonnaise bestreichen. Die Brötchenoberteile mit jeweils 1 EL Hummus bestreichen und mit je einem Spinatblatt, Paprikastücken und Zwiebelringen sowie zwei Auberginenscheiben belegen. Die Brötchenober- und -unterteile zusammenlegen und die Burger sofort servieren.

EUROPA

So variantenreich die Länder unseres Kontinents sind, so vielseitig lassen sich auch Burger auf Basis der europäischen Küche kreieren. Für uns ist dabei aber immer wichtig, dass es eine klare Wiedererkennung gibt. Ein Burger mit Pesto muss auch richtig nach Pesto schmecken, damit man ihn gleich richtig verorten kann.

WEIHNACHTSBURGER

Die Ente im Brötchen

Für 4 Personen • Zubereitungszeit: 40 Minuten

FÜR DIE ENTENBURST-PATTIES

Sonnenblumenöl zum Frittieren
2 Entenbrüste
Salz
frisch gemahlener Pfeffer

FÜR DEN APFEL-ROTKOHL

1 Apfel
200 g Rotkohl (aus dem Glas)
1 EL Sonnenblumenöl
Salz; frisch gemahlener Pfeffer

FÜR DIE ZIMT-APFELRINGE

1 Apfel
50 ml Apfelsaft
1 Messerspitze gemahlener Zimt
1 Nelke

FÜR DIE BURGER

4 Burger-Brötchen (siehe Seite 180)
8 EL Apfel-Rotkohl (siehe oben)
4 Entenbrust-Patties (siehe links)
4 Zimt-Apfelringe (siehe links)
4 EL Preiselbeermarmelade

ZUBEREITUNG

1. Für die Patties das Öl in einer Fritteuse oder einem hohen Topf erhitzen. Die Entenbrust in 80 g große Stücke schneiden und die Hautseite mit Salz und Pfeffer einreiben. Die Entenbruststücke mit einer Gabel aufspießen und mit der Haut nach unten frittieren, bis sie sehr knusprig ist. Das Fleisch mit einem Kochlöffel komplett in Öl eintauchen und zu Ende frittieren.
2. Für die Zimt-Apfelringe den Apfel schälen und das Kerngehäuse ausstechen. Den Apfel in 1 cm dicke Scheiben schneiden. Die Ringe mit Apfelsaft, Zimt und der Nelke in einen Topf geben und bei niedriger Temperatur köcheln lassen, bis das Fruchtfleisch beginnt weich zu werden. Die Apfelringe aus dem Saft nehmen und auf Küchenpapier abtropfen lassen.
3. Für den Apfel-Rotkohl den Apfel schälen und das Kerngehäuse ausstechen. Den Apfel in kleine Stücke schneiden. Den Rotkohl in einem Sieb abtropfen lassen. Das Öl in einer Pfanne erhitzen, den Rotkohl mit den Apfelstücken anschwitzen und mit Salz und Pfeffer abschmecken.
4. Für die Burger die Brötchen quer aufschneiden und die Schnittflächen goldbraun toasten. Die Brötchenunterteile mit jeweils 2 EL Apfel-Rotkohl, Entenbruststücken und einem Zimt-Apfelring belegen. Die Brötchenoberteile mit je 1 EL Preiselbeermarmelade bestreichen. Auf die vorbereiteten Brötchenunterteile setzen und die Burger sofort servieren.

TIPP

Für mehr Frucht auf dem Burger bereiten Sie die doppelte Menge Apfelringe zu.

BEMBEL BURGER

Burger auf Hessisch

Für 4 Personen • Zubereitungszeit: 45 Minuten

FÜR DIE GRÜNE SAUCE

- 4 Eier
- 25 g Borretsch
- 25 g Kerbel
- 25 g Kresse
- 25 g Petersilie
- 25 g Pimpinelle
- 25 g Sauerampfer
- 25 g Schnittlauch
- 200 g Sauerrahm
- 2 EL Senf
- 1 TL Zucker
- 500 g Joghurt
- 10 g Estragon
- 10 g Dill
- 10 g Bohnenkraut
- 1 Gewürzgurke
- 1 Zwiebel
- 1 Knoblauchzehe
- 2 EL Mayonnaise (siehe Seite 74)
- ½ TL frisch gepresster Zitronensaft
- Salz
- frisch gemahlener Pfeffer

FÜR DIE BURGER

- 2 Eier
- 4 Burger-Brötchen (siehe Seite 180)
- 8 EL Grüne Sauce (siehe links)
- 8 EL Ketchup (siehe Seite 36)
- 12 Blätter Lollo bianco
- 4 Rindfleisch-Patties (siehe Seite 19)

ZUBEREITUNG

1. Für die Sauce und die Burger Wasser in einem Topf zum Kochen bringen und sechs Eier darin für 8–10 Minuten hart kochen. Herausnehmen und abkühlen lassen.
2. Borretsch, Kerbel, Kresse, Petersilie, Pimpinelle, Sauerampfer und Schnittlauch waschen, verlesen und die Stiele entfernen. Zusammen mit dem Sauerrahm, Senf und Zucker in einen Küchenmixer geben und fein mixen. Vier Eier pellen, halbieren und mit dem Joghurt gut unter den Sauerrahm rühren. Alle restlichen Zutaten zufügen und noch einmal mit dem Küchenmixer mixen. Mit Salz und Pfeffer abschmecken.
3. Für die Burger die restlichen Eier pellen und in Scheiben schneiden. Die Brötchen quer aufschneiden und die Schnittflächen goldbraun toasten. Die Brötchenunterteile mit je 2 EL Grüner Sauce bestreichen und die Hälfte der Eierscheiben darauf verteilen. Die Brötchenoberteile mit je 2 EL Ketchup bestreichen und mit jeweils drei Blättern Lollo bianco belegen.
4. Die Rindfleisch-Patties noch heiß auf die vorbereiteten Brötchenunterteile legen. Die Brötchenober- und -unterteile zusammenlegen und die Burger sofort servieren.

HEIDEL BURGER

Der Burger mit Musik

Für 4 Personen • Zubereitungszeit: 25 Minuten + 3–4 Stunden ziehen lassen

FÜR DEN HARZER KÄSE IN ZWIEBELN UND ÖL

2–3 Harzer Käse
1 große Zwiebel
100 ml Sonnenblumenöl
Salz
frisch gemahlener Pfeffer

FÜR DIE BURGER

4 Burger-Brötchen (siehe Seite 180)
8 EL Ketchup (siehe Seite 36)
8 Blätter Kopfsalat
8 EL Senf
12 Stücke Harzer Käse (siehe links)
8 EL Zwiebeln in Öl (siehe links)
4 Rindfleisch-Patties (siehe Seite 19)

ZUBEREITUNG

1. Für den Harzer Käse den Käse in Scheiben schneiden. Die Zwiebel abziehen, fein schneiden und mit dem Öl in eine flache Schüssel geben. Mit Salz und Pfeffer abschmecken. Die Käsescheiben darin einlegen und 3–4 Stunden im Kühlschrank ziehen lassen.
2. Für die Burger den Käse aus dem Kühlschrank nehmen. Die Brötchen quer aufschneiden und die Schnittflächen goldbraun toasten. Die Brötchenunterteile mit jeweils 2 EL Ketchup bestreichen und mit je zwei Blättern Kopfsalat belegen. Die Brötchenunterteile mit jeweils 2 EL Senf bestreichen.
3. Die Patties noch heiß auf die vorbereiteten Brötchenunterteile legen und mit den Käsescheiben und der Zwiebel-Öl-Mischung garnieren. Die Brötchenober- und -unterteile zusammenlegen und die Burger sofort servieren.

FRANKREICH

STEAK BURGER

Französisch fein und scharf

Für 4 Personen • Zubereitungszeit: 25 Minuten + 12 Stunden ziehen lassen

FÜR DAS STEAK

300 g Roastbeef oder Rinderfilet
Salz
frisch gemahlener Pfeffer
100 ml Sonnenblumenöl

FÜR DIE BURGER

4 Burger-Brötchen (siehe Seite 180)
8 EL Dijon-Senf
1 Handvoll Rucola
4 Scheiben Steakfleisch (siehe links)

ZUBEREITUNG

1. Das Fleisch in 5 mm dünne Scheiben schneiden, sodass man vier Scheiben erhält. Gut salzen und pfeffern. In dem Sonnenblumenöl einlegen und in einem Behälter zugedeckt im Kühlschrank über Nacht ziehen lassen.
2. Für die Burger das Fleisch aus dem Kühlschrank nehmen. Eine beschichtete Pfanne erhitzen und das Fleisch darin von allen Seiten braten. Den Gargrad des Fleisches kann jeder selbst bestimmen.
3. Für die Burger die Brötchen quer aufschneiden und die Schnittflächen goldbraun toasten. Die Brötchenober- und -unterteile mit jeweils 1 EL Senf bestreichen und mit je drei Stängeln Rucola belegen.
4. Die Steakscheiben auf die vorbereiteten Brötchenunterteile legen. Die Brötchenober- und -unterteile zusammenlegen und die Burger sofort servieren.

FRANKREICH

LE BURGER FRANÇAIS

Herzhaft, cremig und süß

Für 4 Personen • Zubereitungszeit: 20 Minuten

FÜR DIE BURGER

4 Burger-Brötchen (siehe Seite 180)
4 EL Dijon-Senf
12 Stängel Rucola
4 EL Preiselbeermarmelade
4 Rindfleisch-Patties (siehe Seite 19)
4 Camemberts

ZUBEREITUNG

1. Die Brötchen quer aufschneiden und die Schnittflächen goldbraun toasten. Die Brötchenunterteile mit jeweils 1 EL Dijon-Senf bestreichen und mit je drei Stängeln Rucola belegen. Die Brötchenoberteile mit jeweils 1 EL Preiselbeermarmelade bestreichen. Die Camemberts in je vier gleichmäßige Scheiben schneiden.
2. Die Rindfleisch-Patties kurz vor Ende der Garzeit mit den Käsescheiben belegen und auf die vorbereiteten Brötchenunterteile geben. Die Brötchenober- und -unterteile zusammenlegen und die Burger sofort servieren.

TIPP

Anstatt der Burger-Brötchen können Sie auch Baguette verwenden.

Specialty
Street
FLANDRIA
www.mijnflandria.be
Star

SCHAFE STÜCK

Ein Hauch Griechenland

VEGGIE

Für 4 Personen • Zubereitungszeit: 35 Minuten

FÜR DIE SCHAFSKÄSE-PATTIES

500 g Schafskäse
3 Eigelb
200 g Semmelbrösel
Sonnenblumenöl zum Frittieren

FÜR DIE AUBERGINENSCHEIBEN

1 kleine Aubergine
50 ml Olivenöl
Salz
frisch gemahlener Pfeffer

FÜR DIE BURGER

4 Burger-Brötchen (siehe Seite 180)
4 EL Mayonnaise (siehe Seite 74)
8 getrocknete Tomaten
8 Auberginenscheiben (siehe links)
4 Schafskäse-Patties (siehe links)
12 Stängel Rucola
4 EL Senf

ZUBEREITUNG

1. Für die Patties den Käse in vier gleich große Scheiben schneiden und das Eigelb glatt rühren. Die Käsescheiben zuerst in Eigelb und dann in den Semmelbröseln wälzen. Das Öl in einer Pfanne erhitzen und den Käse darin frittieren, bis er goldgelb ist. Auf Küchenpapier abtropfen lassen.
2. Für die Auberginenscheiben die Aubergine in 1 cm dicke Scheiben schneiden. Das Olivenöl in einer Pfanne erhitzen und die Scheiben darin von beiden Seiten anbraten, bis sie weich sind. Mit Salz und Pfeffer würzen.
3. Für die Burger die Brötchen quer aufschneiden und die Schnittflächen goldbraun toasten. Die Brötchenunterteile mit jeweils 1 EL Mayonnaise bestreichen, je zwei Tomaten und zwei Auberginenscheiben darauf verteilen. Jeweils ein Schaf-Ziegenkäse-Patty darauflegen und je drei Stängel Rucola darauf verteilen. Die Brötchenoberteile mit jeweils 1 EL Senf bestreichen.
4. Die Käse-Patties auf die vorbereiteten Brötchenunterteile legen. Die Brötchenober- und -unterteile zusammenlegen und die Burger sofort servieren.

TIPP

Anstatt der Burger-Brötchen können Sie auch Fladenbrot verwenden.

BLAUER BURGER

mit Gorgonzola und Zwiebeln

Für 4 Personen • Zubereitungszeit: 15 Minuten
Mayonnaise für 8 Burger • Zubereitungszeit: 30 Minuten + 12 Stunden ziehen lassen

FÜR DIE MAYONNAISE

1 Eigelb
250 ml Sonnenblumenöl
1 TL Senf
1 TL Zucker
1 EL frisch gepresster Zitronensaft
Salz
frisch gemahlener Pfeffer

FÜR DIE BURGER

4 rote Zwiebeln
4 Burger-Brötchen (siehe Seite 180)
8 EL Gorgonzola-Mayonnaise (siehe links)
8 EL Ketchup (siehe Seite 36)
12 Blätter Lollo bianco
4 Rindfleisch-Patties (siehe Seite 19)

FÜR DIE GORGONZOLA-MAYONNAISE

50 g Gorgonzola
250 ml Mayonnaise (siehe oben)

ZUBEREITUNG

1. Am Vortag für die Mayonnaise das Eigelb in eine Schüssel geben und mit einem Küchenmixer schaumig schlagen. Das Öl langsam zugießen und auf mittlerer Stufe stetig rühren. Senf, Zucker und Zitronensaft gut unterrühren und mit Salz und Pfeffer abschmecken.
2. Für die Gorgonzola-Mayonnaise den Käse in kleine Stücke schneiden. Gorgonzola mit einem Löffel unter die Mayonnaise heben und über Nacht im Kühlschrank ziehen lassen.
3. Für die Burger die Zwiebel abziehen und in Scheiben schneiden. Die Brötchen quer aufschneiden und die Schnittflächen goldbraun toasten. Die Brötchenunterteile mit jeweils 2 EL Gorgonzola-Mayonnaise bestreichen und mit Zwiebelringen belegen. Die Brötchenoberteile mit jeweils 2 EL Ketchup bestreichen und mit je drei Blättern Lollo bianco belegen.
4. Die Rindfleisch-Patties noch heiß auf die vorbereiteten Brötchenunterteile legen. Die Brötchenober- und -unterteile zusammenlegen und die Burger sofort servieren.

OLIVEN BURGER

mit Mozzarella und Olivensauce

Für 4 Personen • Zubereitungszeit: 30 Minuten + 12 Stunden ziehen lassen

FÜR DIE OLIVENSAUCE

150 g schwarze Oliven ohne Stein
1 EL frisch gepresster Zitronensaft
5 EL Olivenöl
1 TL Senf
2 EL Balsamicoessig
½ TL Thymian
Salz
frisch gemahlener Pfeffer

FÜR DIE BURGER

4 Burger-Brötchen (siehe Seite 180)
4 EL Senf
12 Stängel Rucola
4 Rindfleisch-Patties (siehe Seite 19)
8 Scheiben Mozzarella
4 EL Olivensauce (siehe links)

ZUBEREITUNG

1. Für die Olivensauce die Oliven mit einem Küchenmixer grob zerkleinern und mit Zitronensaft, Olivenöl, Senf und Balsamicoessig vermengen. Den Thymian zugeben und mit Salz und Pfeffer abschmecken. Die Sauce über Nacht leicht gekühlt ziehen lassen.
2. Für die Burger die Brötchen quer aufschneiden und die Schnittflächen goldbraun toasten. Die Brötchenunterteile mit jeweils 1 EL Senf bestreichen und die Brötchenoberteile mit je drei Stängeln Rucola belegen.
3. Die Rindfleisch-Patties kurz vor Ende der Garzeit mit dem Mozzarella belegen und auf die vorbereiteten Brötchenunterteile geben. Mit jeweils 1 EL Olivensauce bestreichen. Die Brötchenober- und -unterteile zusammenlegen und die Burger sofort servieren.

TIPP

Anstatt der Olivenpaste probieren Sie auch einmal ganze Oliven.

PARMA BURGER

mit rotem Pesto

Für 4 Personen • Zubereitungszeit: 15 Minuten
Pesto für 8 Burger • Zubereitungszeit: 15 Minuten

FÜR DAS ROTE PESTO

1 Knoblauchzehe
1 EL Pinienkerne
1 Chilischote
25 g Parmesan
100 g getrocknete Tomaten in Öl
50 g schwarze Oliven ohne Stein
25 g frischer Thymian
50 ml Olivenöl
Salz

FÜR DIE BURGER

4 Burger-Brötchen (siehe Seite 180)
12 EL rotes Pesto (siehe links)
12 Stängel Rucola
4 Rindfleisch-Patties (siehe Seite 19)
80 g Parmaschinken

ZUBEREITUNG

1. Für das Pesto die Knoblauchzehe abziehen und grob hacken. Die Pinienkerne in einer Pfanne ohne Fett goldbraun rösten und abkühlen lassen. Die Chilischote entkernen und grob hacken. Den Parmesan reiben. Alles zusammen mit den Tomaten und Oliven mit einem Küchenmixer grob pürieren. Den Thymian abspülen, trocken schütteln, die Blättchen abzupfen und fein hacken. Mit dem Olivenöl unter das Pesto rühren und mit Salz abschmecken.
2. Für die Burger die Brötchen quer aufschneiden und die Schnittflächen goldbraun toasten. Die Brötchenober- und -unterteile mit jeweils 1 ½ EL Pesto bestreichen. Die Brötchenunterteile mit je drei Stängeln Rucola belegen.
3. Die Rindfleisch-Patties noch heiß auf die vorbereiteten Brötchenunterteile legen und mit Parmaschinken garnieren. Die Brötchenober- und -unterteile zusammenlegen und die Burger sofort servieren.

PESTO BURGER

mit selbstgemachtem Rucola-Pesto

Für 4 Personen • Zubereitungszeit: 15 Minuten
Pesto für 8 Burger • Zubereitungszeit: 15 Minuten

FÜR DAS RUCOLA-PESTO

50 g Pinienkerne
100 g Rucola
½ Bund Basilikum
75 g Parmesan
4 EL Olivenöl
¼ TL Paprikapulver
½ TL frisch gehackter Koriander
Salz
frisch gemahlener Pfeffer

FÜR DIE BURGER

4 Burger-Brötchen (siehe Seite 180)
8 EL Rucola-Pesto (siehe links)
8 getrocknete Tomaten
8 EL Ketchup (siehe Seite 36)
12 Stängel Rucola
4 Rindfleisch-Patties (siehe Seite 19)

ZUBEREITUNG

1. Für das Pesto die Pinienkerne in einer Pfanne ohne Fett und bei mittlerer Temperatur leicht anrösten. Eine Handvoll für die Dekoration zur Seite stellen. Den Rucola und das Basilikum waschen und trocken schütteln. Die Basilikumblätter abzupfen und den Rucola grob schneiden. Den Parmesan reiben.
2. Alle Zutaten im Küchenmixer pürieren und mit Salz und Pfeffer abschmecken. Die beiseite gestellten Pinienkerne auf das Pesto geben.
3. Für die Burger die Brötchen quer aufschneiden und die Schnittflächen goldbraun toasten. Die Brötchenunterteile mit jeweils 2 EL Pesto bestreichen und mit je zwei getrockneten Tomaten belegen. Die Brötchenoberteile mit jeweils 2 EL Ketchup bestreichen und mit je drei Stängeln Rucola belegen.
4. Die Patties noch heiß auf die vorbereiteten Brötchenunterteile legen. Die Brötchenober- und -unterteile zusammenlegen und die Burger sofort servieren.

PACKEN LIEBE
ZWISCHEN ZWEI
BRÖTCHENHÄLFTEN

SPARGEL BURGER

mit Sauce béarnaise

Für 4 Personen • Zubereitungszeit: 45 Minuten

FÜR DIE SAUCE BÉARNAISE

- 150 g Butter
- 1 Zweig Kerbel
- 1 Zweig Estragon
- 1 Schalotte
- 2 EL Weißwein-essig
- 4 EL Weißwein
- 1 Nelke
- 1 Lorbeerblatt
- 1 EL Zucker
- 2 Eigelb
- Salz
- fisch gemahlener Pfeffer

FÜR DEN GRÜNEN SPARGEL

- 8 Stangen grüner Spargel
- Sonnenblumenöl für den Spargel und zum Braten
- 3 EL Balsamicoessig
- 3 EL frisch gepresster Zitronensaft

FÜR DIE BURGER

- 4 Burger-Brötchen (siehe Seite 180)
- 12 Blätter Lollo bianco
- 4 Scheiben Kochschinken
- 4 Rindfleisch-Patties (siehe Seite 19)
- 8 Stangen grüner Spargel
- 8 EL Sauce béarnaise

ZUBEREITUNG

1. Vom Spargel die Enden abschneiden und ihn mit etwas Öl einstreichen. Etwas Öl in einer Pfanne erhitzen und den Spargel für 2–4 Minuten braten. Herausnehmen und mit Balsamicoessig und Zitronensaft beträufeln. Spargelstangen längs und mittig halbieren, damit sie gut auf die Burger passen.
2. Für die Sauce die Butter in einem Topf erhitzen, bis sich die Molke oben absetzt. Durch Küchenpapier abseihen und auffangen. Die Kräuter waschen, zupfen und fein schneiden, die Stängel beiseitestellen. Die Schalotte abziehen und grob schneiden. Weißweinessig, Weißwein, Nelke, Lorbeerblatt, Kräuterstängel, Schalotte und Zucker in einem Topf erhitzen und stark reduzieren lassen. Die Reduktion mit Eigelb auf einem Wasserbad schaumig schlagen. Die Butter langsam unter ständigem Rühren zufügen und weiter rühren. Die Kräuter zufügen und mit Salz und Pfeffer abschmecken.
3. Für die Burger die Brötchen quer aufschneiden und die Schnittflächen goldbraun toasten. Die Brötchenunterteile mit je drei Blättern Lollo bianco und die Brötchenoberteile mit je einer Scheibe Kochschinken belegen.
4. Die Patties noch heiß auf die Brötchenunterteile legen. Mit Spargel garnieren und mit je 2 EL Sauce beträufeln. Zusammenlegen und servieren.

LACHS BURGER

Skandinavien auf dem Burger

Für 4 Personen • Zubereitungszeit: 45 Minuten

FÜR DIE HONIG-SENF-SAUCE

125 ml Dijon-Senf
3 EL Honig
Salz; frisch gemahlener Pfeffer

FÜR DIE KAPERNSAUCE

2 EL Kapern
125 ml Mayonnaise (siehe Seite 74)
3 EL fein gehackte Gewürzgurke
3 EL fein gehackter Dill
1 EL Limettensaft
1 TL Chilisauce (siehe Seite 96)
1 TL Worcestersauce
Salz; frisch gemahlener Pfeffer

FÜR DIE LACHS-PATTIES

500 g Lachsfilet
Salz
frisch gemahlener Pfeffer
Sonnenblumenöl zum Braten

FÜR DIE BURGER

4 Burger-Brötchen (siehe Seite 180)
8 EL Kapernsauce (siehe links)
4 Tomatenscheiben
8 EL Honig-Senf-Sauce (siehe links)
4 Blätter Kopfsalat
4 Lachs-Patties (siehe oben)
4 EL gehackte rote Zwiebeln

ZUBEREITUNG

1. Für die Honig-Senf-Sauce alle Zutaten in eine Schüssel geben und mit einem Schneebesen gleichmäßig vermengen. Mit Salz und Pfeffer abschmecken.
2. Für die Kapernsauce die Kapern fein hacken und mit den restlichen Zutaten gleichmäßig vermengen. Mit Salz und Pfeffer abschmecken.
3. Für die Lachs-Patties das Lachsfilet in etwa 120 g große Stücke schneiden und mit Salz und Pfeffer einreiben. Das Öl in einer Pfanne erhitzen und die Lachsstücke von beiden Seiten vorsichtig braten oder auf dem Grill zubereiten.
4. Für die Burger die Brötchen quer aufschneiden und die Schnittflächen goldbraun toasten. Die Brötchenunterteile mit jeweils 2 EL Kapernsauce und mit je einer Scheibe Tomate belegen. Die Brötchenoberteile mit jeweils 2 EL Honig-Senf-Sauce bestreichen.
5. Die Salatblätter in Streifen schneiden. Die Lachs-Patties auf die vorbereiteten Brötchenunterteile legen. Mit jeweils 1 EL Zwiebeln und einem Blatt Kopfsalat garnieren. Die Brötchenober- und -unterteile und die Burger sofort servieren.

WALD BURGER

mit Champignons, Speck und Meerrettich

Für 4 Personen • Meerrettichsauce für 8 Burger • Zubereitungszeit: 45 Minuten

FÜR DIE CHAMPIGNONSAUCE

250 g Champignons
1 rote Zwiebel
50 g Speck
1 EL Olivenöl
frisch gemahlener Pfeffer

FÜR DIE MEERRETTICHSAUCE

100 g Gurke; 5 g frische Minze
100 g Joghurt
50 g Meerrettich (aus dem Glas)
Salz; frisch gemahlener Pfeffer

FÜR DIE BURGER

4 Burger-Brötchen (siehe Seite 180)
12 Stängel Rucola
8 EL Meerrettichsauce (siehe links)
8 EL Barbecuesauce (siehe Seite 44)
4 Rindfleisch-Patties (siehe Seite 19)
8 EL Champignonsauce (siehe links)

ZUBEREITUNG

1. Die Pilze waschen, vorsichtig trocken tupfen, die Stiele abschneiden und die Pilze in Scheiben schneiden. Die Zwiebel abziehen und in Ringe schneiden. Den Speck in sehr kleine Würfel schneiden. Das Olivenöl in einer Pfanne erhitzen und alles kurz andünsten, sodass die Pilze leicht bräunen, aber noch etwas Biss haben. Mit Pfeffer abschmecken.
2. Für die Sauce die Gurke schälen und in kleine Würfel schneiden. In ein Küchentuch legen und leicht pressen, um die Feuchtigkeit zu entziehen. Die Minze waschen, trocken schütteln und klein hacken. Den Joghurt in eine Schüssel geben und mit der Gurke und Minze vermengen. Den Meerrettich langsam unter die Masse heben und mit Salz und Pfeffer abschmecken.
3. Für die Burger die Brötchen quer aufschneiden und die Schnittflächen goldbraun toasten. Die Brötchenunterteile mit jeweils drei Stängeln Rucola belegen und mit je 2 EL Meerrettichsauce bestreichen. Die Brötchenoberteile mit jeweils 2 EL Barbecuesauce bestreichen.
4. Je ein Rindfleisch-Patty auf die vorbereiteten Brötchenunterteile legen und jeweils 2 EL Champignonsauce darauf verteilen. Die Brötchenober- und -unterteile zusammenlegen und die Burger sofort servieren.

CHORIZO BURGER

Herzhaft-pikant mit süßer Paprika

Für 4 Personen • Zubereitungszeit: 35 Minuten

FÜR DIE PIQUILLO-PAPRIKA

2 Piquillo-Paprika

FÜR DIE BURGER

Sonnenblumenöl zum Braten
2 Chorizo-Würste
4 Burger-Brötchen (siehe Seite 180)
8 EL Olivenöl
12 Stängel Rucola
4 Rindfleisch-Patties (siehe Seite 19)
8 Scheiben Piquillo-Paprika (siehe links)

ZUBEREITUNG

1. Für die Piquillo-Paprika die Paprikaschoten waschen, halbieren, vom Stiel befreien und entkernen. Die Hälften in 3 cm breite Streifen schneiden. Paprikastreifen auf dem Holzkohlengrill oder im Backofen grillen, bis sich die ersten schwarzen Stellen bilden.
2. Öl in einer Pfanne erhitzen. Die Chorizo-Würste von allen Seiten braten, herausnehmen und vierteln. Für die Burger die Brötchen quer aufschneiden, die Schnittflächen mit jeweils 1 EL Olivenöl bestreichen und goldbraun toasten. Die Brötchenunterteile mit jeweils drei Stängeln Rucola belegen.
3. Die Rindfleisch-Patties noch heiß auf die vorbereiteten Brötchenunterteile legen. Mit den Wurstvierteln und jeweils zwei Paprikastreifen garnieren. Die Brötchenober- und -unterteile zusammenlegen und die Burger sofort servieren.

TIPP

Statt der Chorizo-Würste kann man auch Merguez-Würste nehmen.

Auftragsgriller

AFRIKA & NAHOST

Die afrikanische, aber auch die orientalische Küche ist uns inzwischen durch beliebte Speisen wie Falafel, Hummus oder Peri-Peri-Marinade ans Herz gewachsen. Deshalb dürfen sie auch in einem Burger-Buch nicht fehlen, denn sie bieten eine willkommene geschmackliche Abwechslung.

GEWÜRZ BURGER

Ein Hauch Mittlerer Osten auf dem Burger

Für 4 Personen • Zubereitungszeit: 15 Minuten
Joghurtsauce für 8 Burger • Zubereitungszeit: 30 Minuten

FÜR DIE JOGHURTSAUCE

100 g Gurke
5 g frische Minze
100 g Joghurt
Salz
frisch gemahlener Pfeffer

FÜR DIE BURGER

4 Burger-Brötchen (siehe Seite 180)
8 EL Chilisauce (siehe Seite 96)
8 Stängel Rucola
4 EL rote Zwiebelringe
4 TL grob gehackter Koriander
8 EL Joghurtsauce (siehe links)
8 Blätter Lollo bianco
4 Rindfleisch-Patties (siehe Seite 19)

ZUBEREITUNG

1. Für die Joghurtsauce die Gurke schälen und in kleine Würfel schneiden. Die Gurkenwürfel in ein Küchentuch legen und leicht pressen, um die Feuchtigkeit zu entziehen. Die Minze waschen, trocken schütteln und klein hacken. Den Joghurt in eine Schüssel geben und mit der Gurke und Minze vermengen. Mit Salz und Pfeffer abschmecken.
2. Für die Burger die Brötchen quer aufschneiden und die Schnittflächen goldbraun toasten. Die Brötchenunterteile mit jeweils 2 EL Chilisauce bestreichen und mit je zwei Stängeln Rucola belegen. Je 1 EL Zwiebelringe und 1 TL Koriander auf den Rucola geben. Die Brötchenoberteile mit jeweils 2 EL Joghurtsauce bestreichen und mit je zwei Blättern Lollo bianco belegen.
3. Die Rindfleisch-Patties noch heiß auf die vorbereiteten Brötchenunterteile legen. Die Brötchenober- und -unterteile zusammenlegen und die Burger sofort servieren.

SOMMER BURGER

Leicht und frisch wie der Sommer

Für 4 Personen • Zubereitungszeit: 15 Minuten
Chilisauce für 8 Burger • Zubereitungszeit: 30 Minuten

FÜR DIE CHILISAUCE

- 25 g rote Zwiebeln
- 2 Knoblauchzehen
- etwa ½ cm Ingwer
- 1 TL Traubenkernöl
- 1 EL Tomatenmark
- 25 ml Apfelessig
- 1 TL brauner Zucker
- 250 g geschälte und passierte Tomaten
- ½ TL Dijon-Senf
- ½ TL Zuckerrübensirup
- 1 Thai-Chilischote
- ½ TL gemahlener Kreuzkümmel
- 1 TL Koriandersamen, geröstet und zerstoßen
- Salz
- frisch gemahlener Pfeffer

FÜR DIE BURGER

- 4 Burger-Brötchen (siehe Seite 180)
- 8 EL Chilisauce (links)
- 12 Stängel Rucola
- 4 TL grob gehackter Koriander
- 8 Papayascheiben
- 8 Mangoscheiben
- 8 Gurkenscheiben
- 8 Tomatenscheiben
- 4 Hühnerbrust-Patties (siehe Seite 47)

ZUBEREITUNG

1. Für die Sauce Zwiebeln und Knoblauch abziehen, den Ingwer schälen. Alles grob hacken und zusammen mit dem Öl im Küchenmixer pürieren. Die Masse in einen Topf geben, leicht erhitzen und 3–4 Minuten andünsten. Das Tomatenmark dazugeben und leicht rösten. Den Apfelessig und braunen Zucker dazugeben und rühren, bis der Zucker geschmolzen ist. Tomaten, Senf und Zuckerrübensirup zufügen und 15–20 Minuten köcheln lassen. Mit Salz und Pfeffer abschmecken.
2. Die Chilischote entkernen, klein schneiden und mit Kreuzkümmel und Koriandersamen in den Topf geben und unter Rühren nochmals kurz aufkochen. Mit Salz und Pfeffer abschmecken. Abkühlen lassen.
3. Für die Burger die Brötchen quer aufschneiden und die Schnittflächen goldbraun toasten. Die Brötchenober- und -unterteile mit jeweils 1 EL Chilisauce bestreichen. Die Brötchenoberteile mit je drei Stängeln Rucola und je 1 TL Koriander belegen. Die Brötchenunterteile mit jeweils zwei Papaya-, Mango-, Gurken- und Tomatenscheiben belegen.
4. Die Patties auf die vorbereiteten Brötchenunterteile legen. Die Brötchenober- und -unterteile zusammenlegen und die Burger sofort servieren.

FALAFEL BURGER

Der beliebteste vegetarische Burger

VEGGIE

Für 4 Personen • Zubereitungszeit: 45 Minuten + 12 Stunden einweichen + 12 Stunden ruhen

FÜR DIE FALAFEL-PATTIES

500 g Kichererbsen
500 g weiße dicke Bohnen
1 Bund Koriander
1 Knoblauchzehe
½ rote Zwiebel
½ Karotte
1 EL Paprikapulver
Salz
frisch gemahlener Pfeffer
Sonnenblumenöl zum Frittieren

FÜR DIE BURGER

4 Burger-Brötchen (siehe Seite 180)
4 EL Chilisauce (siehe Seite 96)
8 Stängel Rucola
4 TL grob gehackter Koriander
4 EL klein geschnittene rote Zwiebeln
8 EL Joghurtsauce (siehe Seite 96)
8 Blätter Lollo bianco
4 Falafel-Patties (siehe links)

ZUBEREITUNG

1. Für die Falafel-Patties die Kichererbsen 12 Stunden in kaltem Wasser einweichen, abseihen und mit einem Küchentuch trockentupfen. Die Kichererbsen und die weißen Bohnen mit dem Küchenmixer zu einer feinen Paste pürieren.
2. Den Koriander waschen, trocken schütteln und klein hacken. Den Knoblauch und die Zwiebel abziehen und grob hacken. Die Karotte putzen und klein schneiden. Alles mit Paprikapulver, Salz und Pfeffer vermengen und sorgfältig unter das Kichererbsen-Bohnen-Püree rühren. Aus dem Teig vier Falafel-Patties formen und diese über Nacht im Kühlschrank ruhen lassen.
3. Die Falafel-Patties aus dem Kühlschrank nehmen. Das Öl in einer Pfanne erhitzen und die Falafel-Patties darin 5–6 Minuten frittieren, bis sie goldgelb ausgebacken sind. Herausnehmen und auf Küchenpapier abtropfen lassen.
4. Für die Burger die Brötchen quer aufschneiden und die Schnittflächen goldbraun toasten. Die Brötchenunterteile mit jeweils 1 EL Chilisauce bestreichen, mit je zwei Stängeln Rucola und mit etwas Koriander belegen. Mit den Zwiebeln garnieren. Die Brötchenoberteile mit jeweils 2 EL Joghurtsauce bestreichen und mit je zwei Blättern Lollo bianco belegen.
5. Die Falafel-Patties auf die vorbereiteten Brötchenunterteile legen und mit dem restlichen Koriander garnieren. Die Brötchenober- und -unterteile zusammenlegen und sofort servieren.

TIPP

Anstatt der Burger-Brötchen verwenden Sie doch einmal Fladenbrot.

MARRAKESCH BURGER

Das Beste aus dem Norden Afrikas

Für 4 Personen • Zubereitungszeit: 15 Minuten + 12 Stunden einweichen
Hummus für 8 Burger • Zubereitungszeit: 15 Minuten

FÜR DAS HUMMUS

125 g Kichererbsen
60 ml Olivenöl
1 Knoblauchzehe
30 ml frisch gepresster Zitronensaft
30 g Tahine (Sesampaste)
¼ TL Paprikapulver
Salz

FÜR DIE BURGER

4 Burger-Brötchen (siehe Seite 180)
8 EL Tahine (Sesampaste)
12 Stängel Rucola
8 EL klein geschnittene Essigrüben
8 EL Hummus (siehe links)
4 Rindfleisch-Patties (siehe Seite 19)
4 Blätter frische Minze
4 EL klein geschnittene rote Zwiebeln

ZUBEREITUNG

1. Für das Hummus die Kichererbsen 12 Stunden in 1 ½ l kaltem Wasser einweichen. Danach kochen, bis sie weich sind. Durch ein Sieb abseihen und das Wasser auffangen. Die Kichererbsen mit den restlichen Zutaten in einem Küchenmixer pürieren, sodass eine glatte, nicht zu feste Paste entsteht. Ist die Paste zu dick, etwas Öl oder ein wenig Kochwasser unterrühren.
2. Für die Burger die Brötchen quer aufschneiden und die Schnittflächen goldbraun toasten. Die Brötchenunterteile mit jeweils 2 EL Tahine bestreichen und mit je 2 EL Essigrübe sowie drei Stängeln Rucola belegen. Die Brötchenoberteile mit jeweils 2 EL Hummus bestreichen.
3. Die Rindfleisch-Patties noch heiß auf die vorbereiteten Brötchenunterteile legen. Mit der Minze und der Zwiebel garnieren. Die Brötchenober- und -unterteile zusammenlegen und die Burger sofort servieren.

TIPP

Anstatt der Burger-Brötchen kann man gut auch Fladenbrot verwenden.

NUSS HIRSE BURGER

Eine vegetarische Patty-Alternative

VEGGIE

Für 4 Personen • Zubereitungszeit: 105 Minuten + 90 Minuten ruhen

FÜR DIE NUSS-HIRSE-PATTIES

1 große Zucchini
Salz
1 TL Currypulver
½ TL Kurkuma
250 g Hirse
1 Zwiebel
125 g Champignons
1 EL Sonnenblumenöl
60 g Walnusskerne
250 g Brotwürfel
1 Eigelb
frisch gemahlener Pfeffer
Sonnenblumenöl zum Frittieren

FÜR DIE BURGER

4 Burger-Brötchen (siehe Seite 180)
8 EL Ketchup (siehe Seite 36)
8 EL Mayonnaise (siehe Seite 74)
12 Blätter Lollo bianco
4 Nuss-Hirse-Patties (links)
4 Scheiben Chesterkäse

ZUBEREITUNG

1. Die Zucchini waschen, reiben, salzen und 30 Minuten ruhen lassen. Danach abspülen und mit einem Küchentuch leicht trocken tupfen.
2. 300 ml Wasser mit Currypulver, Kurkuma und etwas Salz zum Kochen bringen. Die Hirse zugeben und bei schwacher Temperatur 15–20 Minuten köcheln lassen, bis die Hirse das Wasser aufgenommen hat. Abkühlen lassen.
3. Die Zwiebel abziehen und klein schneiden. Die Pilze waschen, trocken tupfen und in Scheiben schneiden. Das Öl erhitzen und die Zwiebel glasig andünsten. Zucchini und Pilze zugeben und etwa 5 Minuten garen.
4. Die Walnüsse klein hacken und mit der Zucchini-Pilz-Masse, der Hirse und den Brotwürfeln gut vermengen. Das Eigelb glatt rühren, zugeben und alles zu einem Teig vermengen. Mit Salz und Pfeffer abschmecken.
5. Aus dem Teig runde Patties (160 g) formen und etwa 1 Stunde im Kühlschrank ruhen lassen. Das Öl in einer Pfanne erhitzen und die Patties von beiden Seiten gleichmäßig darin frittieren. Auf Küchenpapier abtropfen lassen.
6. Die Brötchen quer aufschneiden und die Schnittflächen goldbraun toasten. Die Brötchenunterteile mit jeweils 2 EL Ketchup bestreichen. Die Brötchenoberteile mit je 2 EL Mayonnaise und je drei Blättern Lollo bianco belegen.
7. Die Nuss-Hirse-Patties kurz vor Ende der Garzeit jeweils mit einer Käsescheibe belegen und auf die Brötchenunterteile setzen. Die Brötchenober- und -unterteile zusammenlegen und die Burger sofort servieren.

TIPP

Statt der Burgerbrötchen kann man hier auch gut ein frisches Ciabatta-Brötchen verwenden.

CHILI HUHN BURGER

mit einer Peri-Peri aus dem Herzen Tansanias

Für 4 Personen • Zubereitungszeit: 45 Minuten + 12 Stunden marinieren

FÜR DIE HÜHNERBRUST-PATTIES

1 Knoblauchzehe
3–4 Chilischoten
1 Bund Koriander
60 ml Sonnenblumenöl
2 EL frisch gepresster Zitronensaft
½ TL Cayennepfeffer
½ TL Paprikapulver
Salz
2 große Hühnerbrustfilets
Sonnenblumenöl zum Braten

FÜR DIE BURGER

4 Burger-Brötchen (siehe Seite 180)
8 EL Chilisauce (siehe Seite 96)
4 EL Senf
8 Blätter Lollo bianco
4 Hühnerbrust-Patties (siehe links)
12 Streifen gegrillte Paprika (siehe unten)

FÜR DIE GEGRILLTE PAPRIKA

2 rote Paprikaschoten

ZUBEREITUNG

1. Den Knoblauch abziehen und fein hacken. Die Chilischoten halbieren, entkernen und fein hacken. Den Koriander waschen, trocken schütteln und fein hacken. Das Öl mit den Gewürzen, Zitronensaft und Kräutern in einem Küchenmixer fein pürieren. Die Hühnerbrüste quer aufschneiden, sodass man vier Fleischstücke erhält. Das Fleisch in der Marinade einlegen und für mehrere Stunden abgedeckt im Kühlschrank ziehen lassen.
2. Für die gegrillte Paprika die Paprikaschoten waschen, halbieren, vom Stiel befreien und entkernen. Die Hälften in 3 cm breite Streifen schneiden. Paprikastreifen grillen, bis sich die ersten schwarzen Stellen bilden.
3. Für die Patties etwas Öl in einer Pfanne erhitzen und die Hühnerbruststücke von allen Seiten braten.
4. Die Brötchen quer aufschneiden und die Schnittflächen goldbraun toasten. Die Brötchenunterteile mit jeweils 2 EL Chilisauce bestreichen. Die Brötchenoberteile mit je 1 EL Senf bestreichen und mit jeweils zwei Blättern Lollo bianco belegen.
5. Jeweils ein Hühnerbrust-Patty auf die vorbereiteten Brötchenunterteile legen und mit den Paprikastreifen garnieren. Die Brötchenober- und -unterteile zusammenlegen und die Burger sofort servieren.

AMERIKA

Im Mutterland des Burgers gibt es so viel mehr als nur den Cheeseburger. Über die Jahrzehnte haben sich Burger-Varianten etabliert, die wir selbst in Europa so noch nicht gekannt haben. Ein Burger muss zum Beispiel nicht immer nur vom Grill kommen …

JIMMY BURGER

Ein Hauch von Argentinien mit einer Chimichurri-Sauce

Für 4 Personen • Zubereitungszeit: 30 Minuten + 12 Stunden ziehen lassen

FÜR DIE CHIMICHURRI-SAUCE

2 Knoblauchzehen
4 EL grob gehackter Koriander
4 EL grob gehackte Petersilie
4 EL grob gehackte Zwiebel
200 ml Weißwein
4 EL Essig
50 ml Olivenöl
Salz
frisch gemahlener Pfeffer

FÜR DIE BURGER

8 Scheiben Speck
4 Burger-Brötchen (siehe Seite 180)
8 EL Chimichurri-Sauce (siehe links)
8 EL Senf
12 Blätter Lollo bianco
4 Rindfleisch-Patties (siehe Seite 19)

ZUBEREITUNG

1. Für die Chimichurri-Sauce die Knoblauchzehen abziehen und grob hacken. Mit Koriander, Petersilie, Zwiebel, Wein und Essig vermengen und in einem Küchenmixer fein hacken. Das Olivenöl mit einem Löffel unter die Kräutermischung rühren und mit Salz und Pfeffer abschmecken. Die Sauce über Nacht leicht gekühlt ziehen lassen, damit die Paste viel Aroma bekommt.
2. Für die Burger den Speck in einer Pfanne ohne Öl oder auf dem Grill braten, bis die Scheiben dunkel sind. Aus der Pfanne nehmen und auf Küchenpapier abtropfen lassen.
3. Die Brötchen quer aufschneiden und die Schnittflächen goldbraun toasten. Die Brötchenunterteile mit jeweils 2 EL Chimichurri-Sauce bestreichen und mit je zwei Scheiben Speck belegen. Die Brötchenoberteile mit jeweils 2 EL Senf bestreichen und mit je drei Blättern Lollo bianco belegen.
4. Die Rindfleisch-Patties noch heiß auf die vorbereiteten Brötchenunterteile legen. Die Brötchenober- und -unterteile zusammenlegen und die Burger sofort servieren.

AVOCADO BURGER

mit Meerrettichsauce und roten Zwiebln

Für 4 Personen • Zubereitungszeit: 30 Minuten

FÜR DIE AVOCADO-DIJONNAISE

2 reife Avocados
250 ml Mayonnaise (siehe Seite 74)
4 EL Dijon-Senf

FÜR DIE BURGER

4 Burger-Brötchen (siehe Seite 180)
8 EL Meerrettichsauce (siehe Seite 90)
4 EL fein geschnittene Zwiebeln
12 Stängel Rucola
8 EL Avocado-Dijonnaise (siehe links)
4 Rindfleisch-Patties (siehe Seite 19)

ZUBEREITUNG

1. Für die Avocado-Dijonnaise die Avocados halbieren und entkernen. Das Fleisch herauslösen und würfeln. Mit der Mayonnaise und dem Dijon-Senf in einem Küchenmixer grob pürieren, bis nur noch kleine Avocadostückchen zu sehen sind.
2. Für die Burger die Brötchen quer aufschneiden und die Schnittflächen goldbraun toasten. Die Brötchenunterteile mit jeweils 2 EL Meerrettichsauce bestreichen und mit je 1 EL Zwiebeln sowie drei Stängeln Rucola belegen. Die Brötchenoberteile mit jeweils 2 EL Avocado-Dijonnaise bestreichen.
3. Die Rindfleisch-Patties noch heiß auf die vorbereiteten Brötchenunterteile legen. Die Brötchenober- und -unterteile zusammenlegen und die Burger sofort servieren.

MEXIKO BURGER

Taco im Burger-Pelz

Für 4 Personen • Zubereitungszeit: 35 Minuten + 12 Stunden ziehen lassen

FÜR DAS HACKFLEISCH

600 g gemischtes Hackfleisch
8 EL Chilipulver
1 EL Knoblauchgranulat
1 EL Zwiebelgranulat
1 EL Paprikapulver
1 EL getrockneter Oregano
1 EL gemahlener Kreuzkümmel
1 TL gemahlener Koriander
Salz
frisch gemahlener Pfeffer
Sonnenblumenöl zum Braten

FÜR DIE BURGER

4 Burger-Brötchen (siehe Seite 180)
$\frac{1}{8}$ Stück Eisbergsalat
4 EL pürierte Kidneybohnen
8 EL Ketchup (siehe Seite 36)
600 g Hackfleisch (siehe links)
8 EL geriebener Gouda
4 EL gewürfelte Tomaten
4 EL Sauerrahm
4 EL Mais (aus der Dose)

ZUBEREITUNG

1. Für das Hackfleisch das Fleisch am Vorabend mit den Gewürzen mischen. Das Öl in einer Pfanne erhitzen und das Hackfleisch darin anbraten und für 15 Minuten bei geringer Temperatur köcheln lassen. In eine Schüssel füllen, abkühlen lassen und über Nacht im Kühlschrank aufbewahren.
2. Für die Burger die Brötchen quer aufschneiden und die Schnittflächen goldbraun toasten. Den Eisbergsalat in Streifen schneiden. Die Brötchenunterteile mit jeweils 1 EL Kidneybohnenpaste bestreichen. Die Brötchenoberteile mit jeweils 2 EL Ketchup bestreichen und mit dem Eisbergsalat belegen.
3. Jeweils eine Portion (etwa 150 g) Hackfleisch in einer kleinen zylindrischen Backform in der Mikrowelle oder in einer Pfanne erwärmen und auf die vorbereiteten Brötchenunterteile geben, mit dem geriebenen Käse bestreuen und mit den Tomatenwürfeln sowie dem Sauerrahm garnieren. Mit dem Mais bestreuen. Die Brötchenober- und -unterteile zusammenlegen und die Burger sofort servieren.

ANDEN BURGER

mit selbstgemachter Guacamole und Speck

Für 4 Personen • Zubereitungszeit: 35 Minuten

FÜR DIE GUACAMOLE

3 Avocados
2 Tomaten
1 kleine Zwiebel
1 EL frisch gepresster Zitronensaft
Salz

FÜR DIE BURGER

8 Scheiben Speck
4 Burger-Brötchen (siehe Seite 180)
8 EL Guacamole (links)
12 Blätter Lollo bianco
4 Rindfleisch-Patties (siehe Seite 19)
4 Scheiben Chesterkäse

TIPP

Unbedingt einen Avocadokern aufheben und während der Lagerung im Kühlschrank in der Guacamole belassen. Auf diese Weise verfärbt sich die Masse nicht so schnell.

ZUBEREITUNG

1. Für die Guacamole die Avocados halbieren, den Kern entfernen und das Fleisch mit einem Löffel herauslösen. Die Tomaten waschen und in kleine Würfel schneiden. Die Zwiebel abziehen und in kleine Würfel schneiden.
2. Das Avocadofleisch in einem Küchenmixer vorsichtig pürieren und die Zwiebeln und den Zitronensaft unterheben. Mit Salz leicht abschmecken. Die Tomaten langsam unterheben. Die Guacamole in den Kühlschrank stellen.
3. Für die Burger den Speck in einer Pfanne ohne Öl oder auf dem Grill braten, bis die Scheiben dunkel sind. Aus der Pfanne nehmen und auf Küchenpapier abtropfen lassen.
4. Für die Burger die Brötchen quer aufschneiden und die Schnittflächen goldbraun toasten. Die Brötchenunterteile mit jeweils 2 EL Guacamole bestreichen. Die Brötchenoberteile mit jeweils drei Blättern Lollo bianco und je zwei Scheiben Speck belegen.
5. Die Patties kurz vor Ende der Garzeit mit den Käsescheiben belegen und noch heiß auf die vorbereiteten Brötchenunterteile geben. Die Brötchenober- und -unterteile zusammenlegen und die Burger sofort servieren.

LOUIS' BURGER

Dem Ur-Burger auf der Spur

Für 4 Personen • Zubereitungszeit: 25 Minuten

FÜR DIE BURGER

8 Scheiben Toastbrot
8 EL Butter
4 EL Senf
8 Tomatenscheiben
4 Rindfleisch-Patties (siehe Seite 19)
4 Scheiben Chesterkäse
12 EL karamellisierte Zwiebeln (siehe Seite 42)
¾ einer großen Gewürzgurke

ZUBEREITUNG

1. Die Toastbrotscheiben dunkel toasten. Vier Scheiben mit jeweils 2 EL Butter bestreichen, die anderen Scheiben mit je 1 EL Senf bestreichen und mit jeweils zwei Tomatenscheiben belegen.
2. Die Rindfleisch-Patties kurz vor Ende der Garzeit mit den Käsescheiben belegen und noch heiß auf die vorbereiteten Toastbrotscheiben legen. Mit den karamellisierten Zwiebeln garnieren.
3. Die Toastbrotscheiben zusammenlegen. Die Gewürzgurken in Scheiben schneiden und mit einem Zahnstocher auf den Burgern fixieren und sofort servieren.

GEORGIA

GRÜNER BURGER

Ein Südstaaten-Klassiker mit grünen Tomaten

Für 4 Personen • Zubereitungszeit: 45 Minuten

FÜR DIE GRÜNEN TOMATEN

1–2 große grüne und feste Tomaten (alternativ Ochsenherzen)
2 Eier
120 ml Milch
240 g Paniermehl
1 TL Salz
250 ml Sonnenblumenöl zum Frittieren

FÜR DEN KRÄUTERQUARK

1 kleine Zwiebel
½ Bund Schnittlauch
250 g Quark
Salz; frisch gemahlener Pfeffer

FÜR DIE BURGER

8 Scheiben Speck
4 Burger-Brötchen (siehe Seite 180)
4 EL Ketchup (siehe Seite 36)
8 Blätter Eisbergsalat
4 Rindfleisch-Patties (siehe Seite 19)
4 Scheiben frittierte grüne Tomaten (siehe links)
8 EL Kräuterquark (siehe links)
1 TL Schnittlauch

ZUBEREITUNG

1. Die Tomaten in Scheiben schneiden. Die Eier aufschlagen und mit der Milch vermengen. Das Paniermehl mit dem Salz mischen. Die Tomatenscheiben im Ei-Milch-Gemisch und dann im Paniermehl wenden, Panade andrücken.
2. Die Tomatenscheiben in einer Pfanne im Öl frittieren, bis sie goldgelb ausgebacken sind. Auf Küchenpapier abtropfen lassen.
3. Für den Quark die Zwiebel abziehen, den Schnittlauch waschen und beides fein hacken. Unter den Quark heben und mit Salz und Pfeffer abschmecken.
4. Den Speck in einer Pfanne ohne Öl oder auf dem Grill braten, bis die Scheiben dunkel sind. Auf Küchenpapier abtropfen lassen.
5. Die Brötchen quer aufschneiden und die Schnittflächen goldbraun toasten. Die Brötchenunterteile mit jeweils 1 EL Ketchup bestreichen und mit je zwei Blättern Eisbergsalat belegen.
6. Die Rindfleisch-Patties noch heiß auf die vorbereiteten Brötchenunterteile legen und mit jeweils zwei Scheiben Speck garnieren. Je eine frittierte Tomatenscheibe darauflegen und mit jeweils 1 EL Kräuterquark bestreichen. Mit Schnittlauch garnieren. Die Brötchenober- und -unterteile zusammenlegen und die Burger sofort servieren.

TIPP

Der Burger kann auch mit rohen Tomaten serviert werden.

CAESAR BURGER

So kommt der Salat auf den Burger

Für 4 Personen • Zubereitungszeit: 25 Minuten
Caesar-Dressing für 8 Burger • Zubereitungszeit: 15 Minuten

FÜR DAS CAESAR-DRESSING

50 g Basilikum
1 Knoblauchzehe
100 g Mayonnaise (Rezept Seite 76)
1 EL frisch gepresster Zitronensaft
50 ml Worcestersauce
75 ml Milch
1 EL Apfelessig
Salz
frisch gemahlener Pfeffer

FÜR DIE BURGER

8 Scheiben Speck
4 Eier
Sonnenblumenöl zum Braten
4 Burger-Brötchen (siehe Seite 180)
8 EL Caesar-Dressing (siehe links)
4 EL geriebener Parmesan
4 Hühnerbrust-Patties (siehe Seite 47)
12 Blätter Lollo bianco

ZUBEREITUNG

1. Für das Caesar-Dressing das Basilikum waschen, trocken schütteln und fein hacken. Den Knoblauch abziehen und klein hacken. Mit den restlichen Zutaten mit einem Schneebesen zu einem gleichmäßigen Dressing rühren. Mit Salz und Pfeffer abschmecken.
2. Für die Burger den Speck in einer Pfanne ohne Öl oder auf dem Grill braten, bis die Scheiben dunkel sind. Aus der Pfanne nehmen und auf Küchenpapier abtropfen lassen. Etwas Öl in der Pfanne erhitzen, die Eier darin aufschlagen und zu Spiegeleiern braten.
3. Die Brötchen quer aufschneiden und die Schnittflächen goldbraun toasten. Die Brötchenunterteile mit jeweils 2 EL Caesar-Dressing bestreichen, mit je zwei Scheiben Speck belegen und mit Parmesan bestreuen. Die Patties und ein Spiegelei darauflegen und mit jeweils drei Blättern Lollo bianco garnieren. Die Brötchenunterteile auf die Burger setzen und sofort servieren.

ZWIEBEL BURGER

Der super-saftige Burger in Wasser gegart

Für 4 Personen • Zubereitungszeit: 35 Minuten

FÜR DIE BURGER

1–2 Gemüsezwiebeln
4 Burger-Brötchen (siehe Seite 180)
4 Rindfleisch-Patties (siehe Seite 19)
4 Scheiben Chesterkäse

ZUBEREITUNG

1. Die Zwiebeln abziehen und in dünne Scheiben schneiden. Eine große Pfanne 1 cm hoch mit Wasser füllen und zum Kochen bringen. Die Zwiebeln zufügen und dünsten, bis sie glasig werden. Die Rindfleisch-Patties ebenfalls in den Sud legen und mit Zwiebeln belegen. Die Brötchen quer aufschneiden und die Schnittflächen goldbraun toasten.
2. Die Rindfleisch-Patties kurz vor Ende der Garzeit mit den Käsescheiben belegen und dabei eine gute Portion der Zwiebeln abdecken. Wenn der Käse geschmolzen ist, die Patties auf die Brötchenunterteile legen und nochmals etwas Zwiebel auf den Käse geben. Die Brötchenoberteile auflegen und die Burger sofort servieren.

CHILI CON CARNE BURGER

Für wahre Cowboys

Für 4 Personen • Zubereitungszeit: 75 Minuten

FÜR DAS CHILI CON CARNE

- Sonnenblumenöl zum Braten
- 75 g Hackfleisch
- 2 EL Dijon-Senf
- 4 EL Chilipulver
- 1 TL Knoblauchgranulat
- 1 TL Zwiebelgranulat
- 1 TL Paprikapulver
- 1 TL getrockneter Oregano
- 1 TL gemahlener Kreuzkümmel
- ½ TL gemahlener Koriander
- 250 ml Chilisauce (siehe Seite 96)
- Salz
- frisch gemahlener Pfeffer

FÜR DIE BURGER

- 4 Burger-Brötchen (siehe Seite 180)
- 12 EL Chili con Carne (siehe links)
- 4 EL fein geschnittene Zwiebeln
- 8 EL Krautsalat (siehe unten)
- 4 Rindfleisch-Patties (siehe Seite 19)
- 4 Scheiben Chesterkäse

FÜR DEN KRAUTSALAT

- ¼ Weißkohl
- ¼ rote Paprika
- ¼ rote Zwiebel
- ¼ Möhre
- 60 g Zucker
- 60 g Apfelessig
- 40 ml Sonnenblumenöl
- ½ TL Senf
- Salz
- frisch gemahlener Pfeffer

ZUBEREITUNG

1. Für das Chili con Carne Öl in einer Pfanne erhitzen. Das Hackfleisch mit den Gewürzen anbraten und bei geringer Temperatur köcheln lassen. Die Chilisauce zum Hackfleisch geben und mit dem Senf etwa 1 Stunde reduzieren.
2. Für den Krautsalat den Weißkohl und die Paprika in feine Streifen schneiden. Die Zwiebel abziehen und fein hacken. Die Möhre waschen und mit einer Küchenreibe fein reiben. Das Gemüse miteinander vermengen.
3. Zucker, Essig, Öl und Senf bei mittlerer Temperatur unter Rühren kochen, bis der Zucker sich aufgelöst hat. Mit Salz und Pfeffer abschmecken, abkühlen lassen. Das Dressing gleichmäßig unter das geschnittene Gemüse heben.
4. Für die Burger die Brötchen quer aufschneiden und die Schnittflächen goldbraun toasten. Die Brötchenunterteile mit jeweils 3 EL Chili con Carne bestreichen und mit je 1 EL Zwiebeln belegen. Die Brötchenoberteile mit jeweils 2 EL Krautsalat belegen.
5. Die Rindfleisch-Patties kurz vor Ende der Garzeit mit den Käsescheiben belegen und auf die Brötchenunterteile geben. Die Brötchenober- und -unterteile zusammenlegen und die Burger sofort servieren.

ERNTEDANK BURGER

mit Cranberry-Chutney

Für 4 Personen • Zubereitungszeit: 20 Minuten + 12 Stunden marinieren
Chutney für 8 Burger • Zubereitungszeit: 60 Minuten

FÜR DIE MARINIERTEN PUTENBRUST-PATTIES

600 g Putenbrust
1 EL Butter
1 TL frisch gehackter Rosmarin
1 EL Olivenöl
½ TL Salz
1 TL frisch gehackter Salbei
1 TL frisch gehackter Thymian
1 TL fein gehackte Petersilie
frisch gemahlener Pfeffer
Öl zum Braten

FÜR DIE BURGER

4 Burger-Brötchen (siehe Seite 180)
8 EL Apfel-Rotkohl (siehe Seite 60)
4 EL Cranberry-Chutney (siehe unten)
4 Blätter Römersalat
4 Putenbrust-Patties (siehe links)

FÜR DAS CRANBERRY-CHUTNEY

1 Knoblauchzehe
¼ Schalotte
etwa ½ cm Ingwer
1 EL Olivenöl
15 g Zucker
35 ml Apfelessig
150 g Cranberrys
25 g klein geschnittenes Orangenfleisch
Salz
frisch gemahlener Pfeffer

ZUBEREITUNG

1. Die Putenbrust vierteln, die Butter zerlassen. Rosmarin, Olivenöl und Salz zugeben und ziehen lassen. Die restlichen Zutaten unterrühren. Die Putenbrust mit der Marinade einreiben und für 12 Stunden kühlen.
2. Für das Chutney den Knoblauch und die Schalotten abziehen, den Ingwer schälen und alles klein hacken. Das Olivenöl in einer Pfanne erhitzen und alles darin anschwitzen. Mit Zucker bestreuen, karamellisieren lassen und mit Essig ablöschen. Die Masse bei mittlerer Temperatur auf die Hälfte reduzieren. Die restlichen Zutaten unterrühren und 12 Stunden kalt ziehen lassen.
3. Für die Putenbrust-Patties das Öl in einer Pfanne erhitzen und die Putenbrust darin von allen Seiten braten.
4. Für die Burger die Brötchen quer aufschneiden und die Schnittflächen goldbraun toasten. Die Brötchenunterteile mit jeweils 2 EL Rotkohl belegen. Die Brötchenoberteile mit je 2 EL Cranberry-Chutney bestreichen und mit jeweils einem Blatt Römersalat belegen.
5. Die Putenbrust-Patties auf die Brötchenunterteile legen. Die Brötchenober- und -unterteile zusammenlegen und die Burger sofort servieren.

RANCHERO BURGER

So schmeckt Texas

Für 4 Personen • Zubereitungszeit: 20 Minuten
Sauce für 8 Burger • Zubereitungszeit: 15 Minuten

FÜR DIE RANCHERO-SAUCE

250 g Sauerrahm
50 g Mayonnaise (siehe Seite 74)
½ TL Knoblauchgranulat
½ TL abgeriebene Schale einer Zitrone
½ TL Essig
½ TL fein gehackter Schnittlauch
½ TL fein gehackte Petersilie
1 TL Meersalz
1 TL schwarzer Pfeffer
½ TL Dijon-Senf
½ TL frisch gepresster Zitronensaft
½ TL Zucker

FÜR DIE BURGER

8 Scheiben Speck
4 Burger-Brötchen (siehe Seite 180)
8 EL Ranchero-Sauce (siehe links)
8 EL Mais (aus der Dose)
8 EL Ketchup (siehe Seite 36)
12 Blätter Lollo bianco
4 Rindfleisch-Patties (siehe Seite 19)

ZUBEREITUNG

1. Für die Ranchero-Sauce alle Zutaten in eine Schüssel füllen und vorsichtig miteinander vermengen. Nicht zu stark rühren, da sonst der Sauerrahm zu flüssig wird.
2. Für die Burger den Speck in einer Pfanne ohne Öl oder auf dem Grill braten, bis die Scheiben dunkel sind. Aus der Pfanne nehmen und auf Küchenpapier abtropfen lassen.
3. Die Brötchen quer aufschneiden und die Schnittflächen goldbraun toasten. Die Brötchenunterteile mit jeweils 2 EL Ranchero-Sauce bestreichen und mit je 2 EL Mais belegen. Die Brötchenoberteile mit jeweils 2 EL Ketchup bestreichen und mit je drei Blättern Lollo bianco sowie zwei Scheiben Speck belegen.
4. Die Rindfleisch-Patties noch heiß auf die vorbereiteten Brötchenunterteile legen. Die Brötchenober- und -unterteile zusammenlegen und die Burger sofort servieren.

BURGER AUS 100% RIND
DER KLASSIKER 6.95
Tomate, Gewürzgurke, Salat, Ketchup, Senf
DER CHEESEBURGER 7.5
Käse, Tomate, Röstzwiebel, Salat, Ketchup, Senf
DER BARBECUEBURGER 7.75
Knuspriger Speck, Käse, Salat, Barbecue-Soße, Senf
DER GEWÜRZBURGER 7.75
Rote Zwiebel, Koriander, Rucola, Chili (scharf) und Joghurt-Soße
DER BLAUE BURGER 7.5
Rote Zwiebel, Salat, Gorgonzola, Mayonnaise, Ketchup
DER CHEF BURGER 8.5

FRÜH STÜCK

Der Espresso-Burger

Für 4 Personen • Zubereitungszeit: 35 Minuten

FÜR DIE FRÜHSTÜCKSSAUCE

300 ml Espresso oder starker Kaffee
150 ml Ahornsirup

FÜR DIE BURGER

8 Scheiben Speck
8 Scheiben Toastbrot
16 Scheiben saurer Apfel
8 EL Frühstückssauce (siehe links)
4 Scheiben Chesterkäse
4 Rindfleisch-Patties (siehe Seite 19)

ZUBEREITUNG

1. Für die Frühstückssauce die Zutaten in einen Topf füllen und bei mittlerer Temperatur um die Hälfte der Menge reduzieren.
2. Für die Burger den Speck in einer Pfanne ohne Öl oder auf dem Grill braten, bis die Scheiben dunkel sind. Aus der Pfanne nehmen und auf Küchenpapier abtropfen lassen.
3. Die Toastbrotscheiben dunkel toasten. Die Toastunterteile mit jeweils zwei Apfelscheiben belegen. Die Rindfleisch-Patties noch heiß in den Bacon einwickeln und mit den Käsescheiben belegen. Kurz warten, bis der Käse geschmolzen ist, und auf die vorbereiteten Toastunterteile legen. Die Frühstückssauce darauf verteilen, mit je zwei Apfelscheiben und dem Toastoberteil belegen. Die Burger sofort servieren.

TIPP

Sie können den Speck auch direkt auf die Patties legen und nicht um das Fleisch wickeln.

ASIEN

Der ferne Osten ist schon seit vielen Jahren eine Quelle für neue Geschmäcker und Rezeptideen. Zudem ist die asiatische Küche schon seit jeher auf das Angebot von Snacks und schnellen Speisen ausgerichtet. Wir haben die asiatische Dampfküche auf das Thema Burger übertragen, egal ob mit oder ohne Fleisch.

DHELI BURGER

mit selbstgemachter Currysauce

Für 4 Personen • Zubereitungszeit: 60 Minuten

FÜR DAS MANGO-CHUTNEY

2 rote Zwiebeln
2 Mangos
1 daumengroßes Stück Ingwer
¼ rote Chilischote
2 EL Essig
Saft einer Limette
2 EL Zucker
1 TL Currypulver
Salz
frisch gemahlener Pfeffer

FÜR DIE CURRYSAUCE

4–5 Tomaten
1 kleine Zwiebel
2 EL Sesamsamen
2 EL fein gehackter Koriander
2 EL chinesischer Pfeffer
2 EL Limettensaft
2 EL geschnittener Knoblauch
Salz
frisch gemahlener Pfeffer

FÜR DIE BURGER

4 Burger-Brötchen (siehe Seite 180)
8 EL Mango-Chutney (siehe links)
4 EL geröstete Erdnüsse
8 EL Currysauce (siehe oben)
2 TL klein gehackte Chilischoten
8 Blätter Lollo bianco
4 Hühnerbrust-Patties (siehe Seite 47)

ZUBEREITUNG

1. Die Zwiebeln abziehen und fein würfeln. Die Mangos und den Ingwer schälen, die Mangos grob würfeln. Die Chilischote entkernen und fein schneiden. Essig, Limettensaft und Zucker erhitzen, Mango, Zwiebeln und Chili unterrühren. Den Ingwer durch eine Knoblauchpresse hineinpressen und 5–10 Minuten köcheln lassen. Mit Currypulver, Salz und Pfeffer abschmecken.
2. Für die Sauce die Tomaten waschen, die Zwiebel abziehen und beides klein würfeln. Die Sesamsamen mörsern. Alles mit den restlichen Zutaten vermengen und einkochen lassen. Mit Salz und Pfeffer abschmecken.
3. Die Brötchen quer aufschneiden und die Schnittflächen goldbraun toasten. Die Brötchenunterteile mit jeweils 2 EL Mango-Chutney bestreichen und mit je 1 EL gerösteten Erdnüssen bestreuen. Die Brötchenoberteile mit jeweils 2 EL Currysauce bestreichen und mit den fein geschnittenen Chilischoten und je zwei Blättern Lollo bianco belegen.
4. Die Hühnerbrust-Patties auf die Brötchenunterteile legen. Die Brötchenober- und -unterteile zusammenlegen und die Burger sofort servieren.

RAMEN BURGER

Der Burger, der ohne Brötchen auskommt

Für 4 Personen • Zubereitungszeit: 165 Minuten + 2 Stunden kühlen

FÜR DIE NUDELPLATTEN

600 g Nudeln
6 Eigelb
Sonnenblumenöl zum Braten

FÜR DIE YAKITORI-SAUCE

60 ml Reisschnaps; 90 ml Sojasauce
60 ml Reiswein; 1 EL Zucker

FÜR DIE BURGER

8 Nudelplatten (siehe links)
12 Stängel Rucola
4 Rindfleisch-Patties (siehe Seite 19)
12 EL Yakitori-Sauce (siehe links)
4 EL geschnittene Frühlingszwiebeln

ZUBEREITUNG

1. Für die Nudelplatten Salzwasser in einem großen Topf zum Kochen bringen. Die Nudeln darin kochen, sodass sie noch deutlich Biss haben. Das Wasser abgießen und die Nudeln abtropfen lassen.
2. Eigelb glatt rühren. Die Nudelmenge in acht gleiche Portionen teilen. Den ersten Teil kurz im Eigelb schwenken, in eine flache zylindrische Schale geben und gleichmäßig auf dem Boden verteilen. Die zweite Portion ebenfalls im Eigelb schwenken und in eine zweite Schale geben und verteilen. Diese auf die erste setzen und leicht andrücken. So auch mit den restlichen Portionen verfahren.
3. Die Schalen mit den Nudeln für 2 Stunden in den Kühlschrank stellen, sodass sich Eigelb und Nudeln verfestigen.
4. Für die Yakitori-Sauce alle Zutaten in einem Topf vermengen und bei mittlerer Temperatur einkochen lassen, bis sie leicht eingedickt sind. Die vorbereiteten Nudelportionen aus den Schalen nehmen. Das Öl in einer Pfanne erhitzen und die Nudeln von beiden Seiten braten, bis sie goldgelb sind.
5. Für die Burger die unteren Nudelplatten mit jeweils drei Stängeln Rucola belegen. Die Rindfleisch-Patties noch heiß auf die vorbereiteten Nudelunterteile legen und mit je 3 EL Yakitori-Sauce bestreichen und mit je 1 EL Frühlingszwiebeln garnieren. Die oberen Nudelplatten aufsetzen und die Burger sofort servieren.

EDAMAME BURGER

mit Sojabohnen-Patty

VEGGIE

Für 4 Personen • Zubereitungszeit: 45 Minuten

FÜR DIE EDAMAME-PATTIES

600 g Edamame
3 Knoblauchzehen
1 kleine Zwiebel
100 g getrocknetes Brot
4 EL fein gehackter Koriander
2 EL Sojasahne
½ TL rote Pfefferflocken
½ TL Salz
Mehl zum Panieren
Olivenöl zum Braten

FÜR DIE BURGER

4 Burger-Brötchen (siehe Seite 180)
4 EL Wasabipaste
4 Blätter Eisbergsalat
4 EL Ketchup (siehe Seite 36)
4 EL Alfalfa-Sprossen
4 Edamame-Patties (siehe links)
4 Tomatenscheiben

ZUBEREITUNG

1. Für die Patties einen großen Topf mit Salzwasser zum Kochen bringen und die Edamame darin gar kochen. Den Knoblauch und die Zwiebel abziehen und klein hacken. Das Brot würfeln.
2. Etwa zwei Drittel Edamame, Zwiebel, Knoblauch, Koriander, Sojasahne, Gewürze und etwa die Hälfte der Brotwürfel in einem Küchenmixer pürieren, bis eine dicke Masse entsteht.
3. Die restlichen Edamame grob hacken. Mit den restlichen Brotwürfeln unter die Masse heben. Aus dem Teig Patties (120 g) formen und in etwas Mehl von beiden Seiten wenden. Olivenöl in einer Pfanne erhitzen und die Patties darin braten, bis sie knusprig sind.
4. Für die Burger die Brötchen halbieren und die Schnittflächen goldbraun toasten. Die Brötchenunterteile mit jeweils 1 EL Wasabipaste bestreichen und mit je einem Blatt Eisbergsalat belegen. Die Brötchenoberteile mit 1 EL Ketchup bestreichen und mit je 1 EL Alfalfa-Sprossen belegen.
5. Die Patties noch heiß auf die vorbereiteten Brötchenunterteile legen und mit den Tomatenscheiben garnieren. Die Brötchenober- und -unterteile zusammenlegen und die Burger sofort servieren.

TERIYAKI BURGER

Gleichzeitig süß und salzig

Für 4 Personen • Zubereitungszeit: 45 Minuten

FÜR DIE TERIYAKISAUCE

1 große Zwiebel
6 Knoblauchzehen
1 cm Ingwer
1 EL Olivenöl
100 ml Sojasauce
160 g Zucker

FÜR DIE BURGER

4 Burger-Brötchen (siehe Seite 180)
8 EL Mayonnaise (siehe Seite 74)
Salz
12 EL Teriyaki-Sauce (siehe links)
8 Blätter Lollo bianco
4 Rindfleisch-Patties (siehe Seite 19)

ZUBEREITUNG

1. Für die Teriyaki-Sauce die Zwiebel und den Knoblauch abziehen und sehr fein hacken. Den Ingwer schälen und fein schneiden. Das Olivenöl in einer Pfanne erhitzen und Zwiebel, Ingwer und Knoblauch braten, bis alles goldgelb ist. Die Sojasauce sowie den Zucker hinzufügen und für 5–7 Minuten kochen. Die Sauce durch ein Sieb abseihen und beiseite stellen.
2. Für die Burger die Brötchen quer halbieren und die Schnittflächen goldbraun toasten. Die Brötchenunterteile mit jeweils 2 EL Mayonnaise bestreichen, kräftig salzen und anschließend je 1 ½ EL Teriyaki-Sauce dazugeben. Die Brötchenoberteile mit je 1 ½ EL Teriyaki-Sauce bestreichen und mit je zwei Blättern Lollo bianco belegen.
3. Die Rindfleisch-Patties noch heiß auf die vorbereiteten Brötchenunterteile legen. Die Brötchenober- und -unterteile zusammenlegen und die Burger sofort servieren.

AUFTRAGSGRILLER
DIE KUH DIE LACHT

THAI BURGER

Saté-Spieße auf dem Burger

Für 4 Personen • Zubereitungszeit: 15 Minuten
Sauce für 8 Burger • Zubereitungszeit: 20 Minuten

FÜR DIE SATÉ-SAUCE

300 ml Kokosmilch
2 EL Erdnussbutter
2 EL Apfelessig
3 EL Sonnenblumenöl
4 EL Currypulver

FÜR DIE BURGER

4 Burger-Brötchen (siehe Seite 18[illegible])
8 EL Mayonnaise (siehe Seite 74)
8 EL geriebene Karotten
8 EL Saté-Sauce (siehe links)
8 Blätter Eisbergsalat
4 TL fein gehackter Koriander
4 Hühnerbrust-Patties (siehe Seite 47)

ZUBEREITUNG

1. Für die Saté-Sauce alle Zutaten in eine Schüssel geben und in einem Küchenmixer mixen. Die Masse in einen kleinen Kochtopf geben und bei mäßiger Temperatur unter ständigem Rühren aufkochen, bis die ersten Blasen entstehen. Den Topf vom Herd nehmen und noch etwa 1 Minute weiterrühren.
2. Für die Burger die Brötchen quer aufschneiden und die Schnittflächen goldbraun toasten. Die Brötchenunterteile mit jeweils 2 EL Mayonnaise bestreichen und mit je 2 EL Karotte bestreuen. Die Brötchenoberteile mit jeweils 2 EL Saté-Sauce bestreichen und mit je zwei Blättern Eisbergsalat belegen. Mit dem Koriander garnieren.
3. Die Hühnerbrust-Patties noch heiß auf die vorbereiteten Brötchenunterteile legen. Die Brötchenober- und -unterteile zusammenlegen und die Burger sofort servieren.

SAIGON BURGER

Burger süß-sauer

Für 4 Personen • Zubereitungszeit: 45 Minuten + 1 Stunde marinieren

FÜR DAS EINGELEGTE GEMÜSE

1 große Karotte
½ Rettich
1 TL Salz
5 EL Zucker
200 ml Essig
150 ml lauwarmes Wasser

FÜR DIE KRÄUTERMISCHUNG

50 g Koriander
50 g Schnittlauch
50 g Frühlingszwiebeln

FÜR DIE BURGER

4 Burger-Brötchen (siehe Seite 180)
4 EL Putenleberwurst
4 EL eingelegtes Gemüse (siehe links)
4 EL fein geschnittene Gewürzgurke
4 EL Chilisauce (siehe Seite 96)
4 EL Mayonnaise (siehe Seite 74)
4 TL Röstzwiebeln (siehe Seite 38)
4 Tomatenscheiben
4 TL Kräutermischung (siehe links)
4 Rindfleisch-Patties (siehe Seite 19)
8 Blätter Lollo bianco

ZUBEREITUNG

1. Für das eingelegte Gemüse die Karotte und den Rettich waschen und in feine Stifte schneiden. Mit Salz und 1 EL Zucker in eine Schüssel geben. Das Gemüse 3 Minuten mit der Hand kneten. Die Flüssigkeit abgießen und das Gemüse mit kaltem Wasser spülen und weiter abtropfen lassen.
2. Den Essig, den restlichen Zucker und das Wasser in eine Schüssel geben und rühren, bis der Zucker gelöst ist. Das Gemüse darin einlegen und mindestens 1 Stunde darin marinieren.
3. Für die Kräutermischung Koriander, Schnittlauch und Frühlingszwiebeln waschen, trocken schütteln und grob schneiden.
4. Für die Burger die Brötchen quer aufschneiden und die Schnittflächen goldbraun toasten. Die Brötchenunterteile mit 1 EL Leberwurst bestreichen und mit je 1 EL Gemüse und 1 EL Gurke belegen. Die Brötchenoberteile mit je 1 EL Chilisauce und 1 EL Mayonnaise bestreichen. Mit je 1 TL Röstzwiebeln sowie jeweils einer Scheibe Tomate und 1 TL Kräutern garnieren.
5. Die Rindfleisch-Patties noch heiß auf die vorbereiteten Brötchenunterteile geben und mit Lollo bianco belegen. Die Brötchenober- und -unterteile zusammenlegen und die Burger sofort servieren

TOFU BURGER

mit Chinakohl und Gemüse

Für 4 Personen • Zubereitungszeit: 60 Minuten

FÜR DEN CHINAKOHL

220 g Chinakohl
1 Möhre
½ Bund glatte Petersilie
½ Chilischote
4 EL Tomatenmark
2 EL Erdnussöl
1 EL Sojasauce
1 EL Agavendicksaft
4 EL Cashewmus
1 EL Apfelessig
1 EL Ingwer, gehackt
Meersalz

FÜR DIE GEMÜSEMISCHUNG

1 rote Paprikaschote
5 EL Sonnenblumenöl
Sojasauce
¼ Gurke
1 EL Sesamöl

FÜR DIE BURGER

4 Burger-Brötchen (siehe Seite 180)
8 EL Gemüsemischung (siehe links)
4 Tofu-Patties (siehe unten)
12 EL Chinakohl (siehe links)
2 TL Chilischoten

FÜR DIE TOFU-PATTIES

5 EL Vollkornmehl
90 ml Mineralwasser
½ TL Meersalz
400 g Bio-Tofu
80 g Sesamsaat
Öl zum Frittieren

1. Den Kohl waschen, putzen und in Streifen schneiden. Die Möhre schälen und reiben. Die Petersilie waschen, trocken schütteln und fein hacken. Die Chilischote halbieren, entkernen und fein hacken. Tomatenmark, Erdnussöl, Sojasauce, Agavendicksaft, Chashewmus, Apfelessig, Ingwer und Chili zu einem Dressing rühren. Mit den restlichen Zutaten vermengen und salzen.
2. Die Paprikaschote halbieren, entkernen, waschen und in Streifen schneiden. Das Sonnenblumenöl erhitzen und die Paprika kurz anbraten. Mit Sojasauce abschmecken. Die Gurke waschen, in Streifen schneiden und mit der Paprika und dem Sesamöl mischen.
3. Für die Patties Mehl, Mineralwasser und Salz mit einem Schneebesen cremig rühren. Den Tofu in Scheiben schneiden und erst in der Panade, dann im Sesam wenden. Die Patties in Öl frittieren und abtropfen lassen.
4. Für die Burger die Brötchen quer halbieren und die Schnittflächen goldbraun toasten. Die Brötchenunterteile mit jeweils 2 EL Paprika-Mischung belegen. Die Brötchenoberteile mit jeweils 3 EL Chinakohl belegen. Die Patties noch heiß auf die Brötchenunterteile legen und mit der Chilischote garnieren. Die Brötchenober- und -unterteile zusammenlegen und servieren.

Australien & Polynesien

Auch wenn dieser Teil der Erde sehr weit entfernt ist, so kommen auch von dort sehr spannende Burger-Kreationen. Nachbauen lohnt sich: leicht, lecker, variantenreich!

AUSSIE BURGER

im Down-Under-Style mit roter Beete und Paprika

Für 4 Personen • Zubereitungszeit: 25 Minuten

FÜR DIE BURGER

8 Scheiben Speck
Öl zum Braten
4 Eier
4 Burger-Brötchen (siehe Seite 180)
4 EL Chilisauce (siehe Seite 96)
8 Blätter Eisbergsalat
4 EL Senf
4 EL eingelegte Scheiben rote Bete
4 Rindfleisch-Patties (siehe Seite 19)
4 Scheiben Chesterkäse

ZUBEREITUNG

1. Für die Burger den Speck in einer Pfanne ohne Öl oder auf dem Grill braten, bis die Scheiben dunkel sind. Aus der Pfanne nehmen und auf Küchenpapier abtropfen lassen. Etwas Öl in der Pfanne erhitzen, die Eier darin aufschlagen und zu Spiegeleiern braten.
2. Die Brötchen quer halbieren und die Schnittflächen goldbraun toasten. Die Brötchenunterteile mit jeweils 1 EL Chilisauce bestreichen und mit je zwei Blättern Eisbergsalat belegen. Die Brötchenoberteile mit jeweils 1 EL Senf bestreichen und mit je 1 EL rote Bete belegen.
3. Die Rindfleisch-Patties kurz vor Ende der Garzeit mit den Käsescheiben belegen und noch heiß auf die vorbereiteten Brötchenunterteile legen. Mit jeweils zwei Scheiben Speck und einem Spiegelei garnieren. Die Brötchenober- und -unterteile zusammenlegen und die Burger sofort servieren.

TROPEN BURGER

mit scharfer Sauce und frischer Mango

PHILIPPINEN

Für 4 Personen • Zubereitungszeit: 45 Minuten

FÜR DIE TROPENSAUCE

etwa 3 cm Ingwer
1–2 rote Chilischoten
2 Knoblauchzehen
1 reife Mango
4 EL frisch gepresster Zitronensaft
8 Blätter Minze
8 EL Pflanzenöl
1 TL Salz
75 g Zucker

FÜR DIE BURGER

4 Burger-Brötchen (siehe Seite 18)
8 EL Tropensauce (siehe links)
8 Mangoscheiben
8 EL Ketchup (siehe Seite 36)
8 Blätter Lollo bianco
4 Rindfleisch-Patties (siehe Seite 19)

ZUBEREITUNG

1. Für die Sauce den Ingwer schälen und in feine Scheiben schneiden. Die Chilischoten entkernen und in Scheiben schneiden. Die Knoblauchzehen abziehen und fein hacken. Die Mango schälen und in einem Küchenmixer grob pürieren. Die restlichen Zutaten unterheben, aber nicht pürieren. Die Mischung in einen Topf geben und bei niedriger Temperatur leicht einkochen lassen.
2. Für die Burger die Brötchen quer aufschneiden und die Schnittflächen goldbraun toasten. Die Brötchenunterteile mit jeweils 2 EL Tropensauce bestreichen und mit je zwei Mangoscheiben belegen. Die Brötchenoberteile mit je 2 EL Ketchup bestreichen und mit je zwei Blättern Lollo bianco belegen.
3. Die Rindfleisch-Patties noch heiß auf die vorbereiteten Brötchenunterteile legen. Die Brötchenober- und -unterteile zusammenlegen und die Burger sofort servieren.

TIPP

Anstatt Lollo bianco können Sie auch Pflücksalat verwenden.

SÜDSEE BURGER

Urlaubsfeeling in Burger-Form

Für 4 Personen • Zubereitungszeit: 35 Minuten

FÜR DIE MANGO-KOKOS-SAUCE

1 Mango
2 Chilischoten
1 daumengroßes Stück Ingwer
100 g Koriander
1 Knoblauchzehe
75 ml ungesüßte Kokosnusscreme
3 EL klein gehackte Minze
2 EL Limettensaft
2 TL brauner Zucker
1 TL gemahlener Koriander

FÜR DIE BURGER

4 Burger-Brötchen (siehe Seite 180)
8 EL Mango-Kokos-Sauce (siehe links)
4 Scheiben frische Ananas
8 EL Ketchup (siehe Seite 36)
12 Gurkenscheiben
8 Blätter Kopfsalat
4 Rindfleisch-Patties (siehe Seite 19)

ZUBEREITUNG

1. Für die Mango-Kokos-Sauce die Mango schälen, vom Kern lösen und in kleine Stücke schneiden. Die Chilischoten aufschneiden, entkernen und in kleine Stücke schneiden. Den Ingwer schälen und klein hacken. Den Koriander waschen, trocken schütteln und fein hacken. Die Knoblauchzehe abziehen und klein hacken.
2. Alles, außer der Mango, mit Kokosnusscreme, Minze, Limettensaft, Zucker und Korianderpulver in einem Küchenmixer zu einem feinen Püree verarbeiten. Das Püree unter die Mangostücke heben.
3. Für die Burger die Brötchen quer aufschneiden und die Schnittflächen goldbraun toasten. Die Brötchenunterteile mit jeweils 2 EL Mango-Kokos-Sauce bestreichen und mit je zwei Ananasscheiben belegen. Die Brötchenoberteile mit jeweils 2 EL Ketchup bestreichen, mit je drei Scheiben Gurke und zwei Blättern Kopfsalat belegen.
4. Die Rindfleisch-Patties noch heiß auf die vorbereiteten Brötchenunterteile legen. Die Brötchenober- und -unterteile zusammenlegen und die Burger sofort servieren.

BEI-LAGEN

PASTINAKENCHIPS

Chips mit nussigem Abgang

VEGGIE

Für 4 Personen • Zubereitungszeit: 25 Minuten

FÜR DIE CHIPS

500 g Pastinaken
Sonnenblumenöl zum Frittieren
1 EL Salz

ZUBEREITUNG

1. Die Pastinakenwurzeln waschen, den Stumpf und die Spitze abschneiden und den Rest der Wurzeln schälen. Die geschälten Wurzeln mit einem Küchenhobel in 1 mm dünne Scheiben schneiden.
2. Öl in einer Pfanne erhitzen und die Pastinakenscheiben darin frittieren. Mit Salz abschmecken. Herausnehmen, salzen und auf Küchenpapier abtropfen lassen.

YUCA-CHIPS

Der Snack der Südamerikaner

VEGGIE

Für 4 Personen • Zubereitungszeit: 25 Minuten

FÜR DIE CHIPS

500 g Yucawurzeln
Sonnenblumenöl zum Frittieren
1 EL Salz

ZUBEREITUNG

1. Die Yucawurzeln schälen und mit einem Küchenhobel in 1 mm dünne Scheiben schneiden. Die Scheiben mehrmals in Wasser baden, dabei immer wieder das Wasser wechseln. Die Scheiben auf Küchenpapier abtropfen.
2. Öl in einer Pfanne erhitzen und die Yuca-Scheiben darin frittieren. Herausnehmen, salzen und auf Küchenpapier abtropfen lassen.

FRITTIERTE ZWIEBELRINGE UND BACON

Das ideale Vorspiel zum Burger

Für 4 Personen • Zubereitungszeit: 30 Minuten

FÜR DIE PANADE

250 g Mehl
250 ml Milch
2 Eier
1 TL Salz

FÜR DIE ZWIEBELRINGE UND DEN BACON

1–2 große Zwiebeln
8 Streifen Bacon
Sonnenblumenöl zum Frittieren

ZUBEREITUNG

1. Für die Panade Mehl, Milch, Eier und Salz miteinander mischen und glatt aufschlagen.
2. Für die Zwiebelringe und den Bacon die Zwiebeln abziehen und die Endstücke so abschneiden, dass der Rest möglichst gleichmäßig geformt ist. In 2 cm breite Scheiben schneiden und die einzelnen Ringstücke voneinander trennen. Die Zwiebelringe und den Bacon in die Panade tauchen.
3. Sonnenblumenöl in einer Pfanne erhitzen und die panierten Zwiebeln und Baconstreifen darin frittieren, bis sie goldgelb sind. Herausnehmen und auf Küchenpapier abtropfen lassen.

KUH DIE LACHT
BURGER AUS 100%
DER KLASSIKER

TEMPURA-GEMÜSE FRITTIERT

VEGGIE

Es müssen nicht immer Pommes frites sein

Für 4 Personen • Zubereitungszeit: 30 Minuten

FÜR DIE PANADE

500 g Hartweizenmehl
500 ml Wasser
½ TL Paprikapulver

FÜR DAS GEMÜSE

125 g Brokkoli
125 g Zucchini
Sonnenblumenöl zum Frittieren

ZUBEREITUNG

1. Für die Panade Mehl, Wasser und Paprikapulver miteinander mischen und glatt aufschlagen.
2. Für das Tempura-Gemüse Brokkoli und Zucchini waschen, Stümpfe abschneiden und in mundgerechte Stücke schneiden. Das Öl in einer Pfanne erhitzen. Die Gemüsestücke in die Panade tauchen und anschließend in dem heißen Öl frittieren, bis sie goldgelb sind. Herausnehmen und auf Küchenpapier abtropfen lassen.

DIE LACHT
APFELSCHORLE 0.2L
CHIPS 3
Mayonnaise, Sauerrahm,
SALAT DER SAISON 7.25/3.5

BURGER-BRÖTCHEN

So muss ein Brötchen schmecken!

VEGGIE

Für 4 Personen • Zubereitungszeit: 25 Minuten + 2 Stunden ruhen lassen + 25 Minuten backen

FÜR DIE BRÖTCHEN

3 EL Milch (Zimmertemperatur)
250 ml Wasser (Zimmertemperatur)
2 ½ EL Butter (Zimmertemperatur)
2 TL Trockenhefe
2 ½ EL Zucker
1 ½ TL Salz
1 Ei
400 g Mehl
1 Ei mit 1 EL Wasser verquirlt
Sesamsamen

ZUBEREITUNG

1. Für den Teig Milch, Wasser, Butter, Hefe, Zucker, Salz und das Ei in eine Schüssel geben. Mit einem Handrührgerät mit Teigaufsätzen die Zutaten glatt rühren. Das Mehl hinzugeben und so lange kneten, bis ein homogener Teig entsteht. Mit einem Küchentuch abdecken und bei Zimmertemperatur 1–2 Stunden ruhen lassen, bis die Masse sich verdoppelt hat.
2. Ein Backblech mit Backpapier auslegen. Den Teig in acht gleiche Teile teilen und in der Hand zu Kugeln formen (etwas Mehl hilft, damit der Teig nicht klebt). Die Teiglinge mit Abstand auf das Backblech legen und nochmals 15–20 Minuten ruhen lassen. Mit der Ei-Wasser-Mischung bestreichen.
3. Den Backofen auf 200 °C vorheizen und die Teiglinge etwa 20 Minuten backen, bis sie goldbraun sind. Aus dem Ofen nehmen und mit Sesamsamen bestreuen. Abkühlen lassen.

FRUCHT-ORKAN

Die Nachspeise, die süchtig macht

VEGGIE

Für 4 Personen • Zubereitungszeit: 75 Minuten

FÜR DAS BAISER

130 ml Eiweiß
280 g Zucker
1 TL Apfelessig
1 TL Speisestärke

FÜR DAS FRUCHTMUS

1 Mango
1 Passionsfrucht
200 ml Sahne
30 g Vanillezucker
200 g Joghurt
1 TL Granatapfelkerne
Minzblätter zum Dekorieren

TIPP

Man kann die Orkane mit Erdbeermus (links im Bild), Waldfrüchten (mitte) oder wie beschrieben mit Mango (rechts) zubereiten.

ZUBEREITUNG

1. Für das Baiser den Backofen auf 180 °C vorheizen. Das Eiweiß in einer fettfreien Schüssel schlagen, bis es beginnt fest zu werden. Weiterschlagen und den Zucker langsam einstreuen. Den Eischnee schlagen, bis er steif ist. Essig und Speisestärke vorsichtig unterheben und noch mal kurz schlagen. Die Baisermasse sollte gut fest sein, aber noch glänzen.
2. Die Baisermasse auf ein gefettetes Backblech geben und zu einem etwa 3 cm hohen Kreis formen. Die Oberfläche glatt streichen. In den Backofen schieben und die Temperatur auf 100 °C zurückschalten. Eine Stunde backen, anschließend die Ofentür öffnen und das Baiser bei leicht geöffneter Tür abkühlen lassen.
3. Für das Fruchtmus die Mango schälen und das Fleisch vom Fruchtkern schneiden. Das Fruchtfleisch der Passionsfrucht mit einem Löffel herauslösen. Beides in eine Schüssel geben und mit einem Stabmixer pürieren.
4. Für die Orkane das Baiser in kleine Stücke zerstoßen. Die Schlagsahne mit Vanillezucker steif schlagen. Vorsichtig den Joghurt unterheben. Abwechselnd Baiser-Bruch, Sahne-Joghurt-Mischung, Mango-Passionsfrucht-Mus in Gläser schichten. Mit Granatapfelkernen und Minzblättern dekorieren.

HIER KOMMT DAS EQUIPMENT HER

DER FLEISCHWOLF

Von den ersten Schritten bis zum heutigen Gastaufkommen in unseren Restaurants waren und sind die Fleischwölfe von MADO ein konstanter und verlässlicher Helfer in der Küche. Ich möchte nicht wissen, wie viele einfachere und leistungsschwächere Geräte aus dem Großmarkt wir uns – mit der Entscheidung für den Marktführer in dieser Gerätegröße – gespart haben.

MADO GmbH
Balmerstraße 10
72175 Dornhan/Schwarzwald
www.mado.de
E-Mail: info@mado.de
Telefon: 07455 931 0

DER PATTY-FORMER

Wenn ein Arbeitsgerät bei uns wirklich mechanisch beansprucht wird, dann der Patty-Former von Weisser. Trotz des jahrelangen Workouts unserer Küchenjungs an dem Gerät lässt es uns nicht im Stich, sorgt aber für Muskelkraft bei unseren Mitarbeitern.

WEISSER GmbH & Co. KG
Maschinenbau & Großküchentechnik
Maienstraße 3
77880 Sasbach-Obersasbach
www.weisser-maschinenbau.de
E-Mail: info@weisser-maschinenbau.de
Telefon: 07841 68 01 90

DER ELEKTRO-GRILL

Nach vielen Jahren des Grillens auf bzw. mit Gas haben wir uns entschieden, auf Strom umzustellen. Mit seiner ausgereiften Technik bei den Grillplatten bietet MKN den Mercedes unter den Elektrogrills. Deshalb hatte die Umstellung auch keine Nachteile für unsere Gäste.

MKN Maschinenfabrik
Kurt Neubauer GmbH & Co. KG
Halberstädter Straße 2a
38300 Wolfenbüttel
www.mkn.eu
E-Mail: info@mkn.de
Telefon: 05331 890

DER BRÖTCHEN-TOASTER

Ein Meisterwerk der Toaster-Branche! Es macht nach so vielen Jahren immer noch Laune dem Transport-Band beim Bewegen der Brötchenhälften zuzusehen. Wie der Grill bei unserem Fleisch, so sorgen die Toaster von Hatco bei unseren Brötchen und bei unseren Gästen für ein besonderes aromatisches Erlebnis.

HIBU Eismaschinen GmbH & Co. KG
Busch Professional Cookware
GmbH & Co. KG
Stefansbecke 17
45549 Sprockhövel
www.hibu-eismaschinen.de
E-Mail: info@hibu-foodservice.de
Telefon: 02339 92 98 10

powered by

DIE KÜCHE

Die Firma Zilg-Brauneis hat die Küchen in unserem zweiten und dritten Restaurant gebaut. Wir profitieren von ihrer Kompetenz im Großküchenbau und haben als kleiner Betreiber dennoch das Gefühl, dass sie unsere besonderen Gegebenheiten verstehen und in den Projekten unsere Wünsche umsetzen.

Zilg-Brauneis Großküchentechnik GmbH
Dieselstraße 10
63512 Hainburg
www.zilg-brauneis.de
E-Mail: info@zilg-brauneis.de
Telefon: 06182 95 159-0

DIE GEWÜRZE

Gute Zutaten machen sich auf Dauer einfach bezahlt. Das ist bei unserem Fleisch, dem Gemüse und den Brötchen gleichermaßen wichtig wie bei den Gewürzen. Deshalb zählt die Firma Wiberg für uns zu einem der wichtigsten Partner für unsere Burger.

WIBERG GmbH
Eichendorffstraße 25
83395 Freilassing
www.wiberg.eu
E-Mail: info@wiberg.eu
Telefon: 08654 470 0

DIE VERPACKUNGEN

Es gibt leider sehr wenige Anbieter, die sich auf nachhaltige Verpackungsmaterialien spezialisiert haben. Zum Glück gibt es Bionatic, die seit Jahren unser Partner sind.

Bionatic GmbH & Co. KG
Bevenser Straße 10
28329 Bremen
www.biologischverpacken.de
E-Mail: greenbox@bionatic.de
Telefon: 0421 246 87 87 0

REZEPTREGISTER

UND WAS DARF'S
ZU TRINKEN SEIN?

DEIN BURGER
HAT ES VERDIENT
DASS ER MIT LIEBE
GEMACHT WIRD

Ebenfalls erhältlich ...

ISBN 978-3-86244-346-8

ISBN 978-3-88472-975-5

ISBN 978-3-86244-663-6

ISBN 978-3-86244-638-4